从0到1学做
自媒体运营

郭春光　高长利　赵洪波◎著

中国纺织出版社有限公司

内 容 提 要

本书全面解密自媒体运营之道，从自媒体的本质谈起，聚焦自媒体人设、推荐算法、权重、内容、涨粉、矩阵搭建、社群、变现等运营方法，结合丰富的图片和实操性强的案例，化繁为简，完美地回答了"如何做好自媒体"这个问题。本书可帮助读者快速在互联网上打造发声和营销推广阵地，让读者看得懂，学得会，做得好，开启持续升级模式。

图书在版编目（CIP）数据

从0到1学做自媒体运营 / 郭春光，高长利，赵洪波 著 .-- 北京：中国纺织出版社有限公司，2021.1（2025.8重印）
ISBN 978-7-5180-8119-6

Ⅰ . ①从… Ⅱ . ①郭… ②高… ③赵… Ⅲ . ①网络营销 Ⅳ . ①F713.365.2

中国版本图书馆CIP数据核字（2020）第209748号

策划编辑：史 岩　　　　责任编辑：段子君
责任校对：高 涵　　　　责任印制：储志伟

中国纺织出版社有限公司出版发行
地址：北京市朝阳区百子湾东里 A407 号楼　邮政编码：100124
销售电话：010—67004422　传真：010—87155801
http://www.c-textilep.com
中国纺织出版社天猫旗舰店
官方微博 http://weibo.com/2119887771
北京虎彩文化传播有限公司印刷　各地新华书店经销
2021 年 1 月第 1 版　2025 年 8 月第 3 次印刷
开本：710×1000　1/16　印张：15
字数：174 千字　定价：55.00 元

前 言
preface

2020年2月10日，复工的第一天，李佳琦便登上了微博热搜榜，成了千万人瞩目的焦点：一场3小时的直播，1600多万人观看，25个商品链接，个个秒光。

"好看到爆炸！"

"oh My God，买它！"

还是熟悉的声音，还是熟悉的滋味，再度开启直播的李佳琦依旧是众多用户眼中的偶像。26000箱螺蛳粉，30万包洗脸巾，15万瓶红地球粉底液，全部被用户"秒杀"。为此，很多用户在评论中刷屏"手慢无""抢不到""上新货"……

2020年首次复播，李佳琦便立即唤醒了"休眠"的用户，直播间的流量如同芝麻开花一样，节节高，场均观看人数接近1600万，和其2019年双十二直播的小高峰不相上下，影响也十分大，特别是女性用户，说得最多的一句话便是"怎么买"。

李佳琦的成功是自媒体商业化的一个典型，借助自媒体高价值内容输出，快速涨粉圈粉，打造自己的私域流量池塘后，便可以迅速通过带货、广告、知识、电商等形式完成变现，获得实实在在的利益。

可见，互联网时代，人人都是自媒体，人人都有机会通过自媒体展示自己的观点和价值，通过持续的内容输出打造IP，构建自己的专属流量池塘，输出知识，提供方案，做广告或者卖货，成为下一个李佳琦。

具体而言，自媒体对于创作者主要有五大价值。

（1）传播价值。和传统媒体一样，自媒体具备信息传播功能，且传播速度更快，覆盖用户更广，传播效率更高。自媒体通过粉丝传播、平台分发等不同的形式，将信息精准地传递给目标用户。也就是说，通过自媒体，创作者能够更快速地传播自己的项目和产品信息，更精准地触达用户。

（2）链接价值。创作者通过持续输出价值内容触达用户后，便可引导用户通过加关注、评论、点赞、转发等和自己互动。一旦成功，创作者和用户之间便建立了较强的链接，搭建了固定的沟通之桥，为未来商业变现提供了无限可能。

（3）品牌价值。高流量自媒体号可以成为个人、产品、企业的品牌载体，通过优质内容输出、活动等方式提升品牌的曝光度，塑造出品牌的人格和精神，继而在用户心中留下不可磨灭的印象。简而言之，创作者可以通过自媒体快速地打造出自己的品牌，且这个过程成本非常低，甚至零成本。

（4）商业价值。随着互联网技术的迅猛发展，自媒体产业也随之不断升级，各个自媒体平台的新功能不断推出。这些新功能正将触角向商业领域延伸，将自媒体和电子商务、在线服务等功能紧密地结合在一起。这就让自媒体变现有了无限可能，赚钱更加容易。当前，各个垂直行业的顶部账号，早已成了资本的目标，获得了巨大的商业价值。

（5）内容价值。对自媒体而言，想要尽可能地聚集流量，提升品牌知名度，实现商业价值，持续输出优质的原创内容，是必不可少的。优质内容的持续输出，本身就是打造品牌的过程，优质内容的沉淀，也是自媒体之于平台和用户的最珍贵价值。

自媒体的前景是光明的、可期的，每个人、每家企业都能通过自媒体实现预期目标和自身价值。但是，想要做到这一点，必须做好长期奋斗的准备，掌握相应方法，汲取前人成功经验。我们坚信，只要心态积极，准备充分，方法得当，脚踏实地，便能通过自媒体这一互联网入口，更好地实现自身价值，完成企业战略目标。

郭春光　高长利　赵洪波

2020 年 11 月

目 录
contents

5 内容：有价，有用，有趣，易操 / 103

6 涨粉：三个月粉丝数破十万的六个核心战法 / 131

1 揭秘：

为什么那么多人选择自媒体

移动互联时代，人人都爱自媒体，人人都是自媒体。随着互联网技术的迅猛发展，曾经被电视台、报纸、杂志等传统媒体把持的话语权和流量池，快速向自然人、商家和企业转移。于是，人人都可以通过自己的账号向外界发出自己的声音，表达自己的观点，推广自己的产品和服务。

1.1　自媒体是轻创业的优先选择

很多没有资金、渠道和人脉资源的人，想借助互联网淘得人生第一桶金，想法是美妙的，但做起来却没有明确的方向——互联网看似无所不能，但却非常虚幻缥缈。其实，自媒体是轻创业的一个非常好的选择，借助优质内容输出，创业者依靠积累起来的流量，可有效地触达用户，获得各种创业资源。

1.1.1　一座桥

自媒体的价值在于在创业者和目标用户之间搭建一座实时沟通的桥梁，精准触达用户，将原本随机的、冷漠的用户关系变为固定的、有信任感和归属感的朋友关系。

2019 年 3 月，"蛋解创业"开始试水短视频，正式开通抖音号，向用户讲创业故事，解读创业方向和技巧。经历了一个多月的摸索后，"蛋解创业"抖音号迎来了爆发，该账号在 4 月 2 号发布的一组关于百事可乐和可口可乐商业竞争的案例解读短视频，58 小时内点赞数破百万。

不同于抖音上常见的将鸡汤、马云成功语录汇集在 PPT 上的创意短视频形式，"蛋解创业"采用闲聊天的方式讲述一些创业的营销小故事、小知识，讲一些商业案例解读分析。优质的内容加上接地气的输出方式，在"蛋解创业"和用户之间成功架起了一座桥梁——"蛋解创业"通过抖音触达了目标用户，成功构建了自己的私域流量池塘；用户则在"蛋解创业"上学到了创业干货，将之运用到创业中，更好地实现了人生价值。

传统创业模式下，创业者想要触达用户，必须通过发传单、在媒体上做广告等方式，但这种方式存在着明显的弊端，一方面成本高昂，另一方面单向触达，因此对资金不足的轻创业者并不友好。而自媒体的出现，则让创业者第一次有了自己的发声窗口，有了在低成本甚至零成本情况下和目标用户双向互动的窗口。

具体而言，自媒体创业者可以通过三种方式触达用户，如图1-1所示。

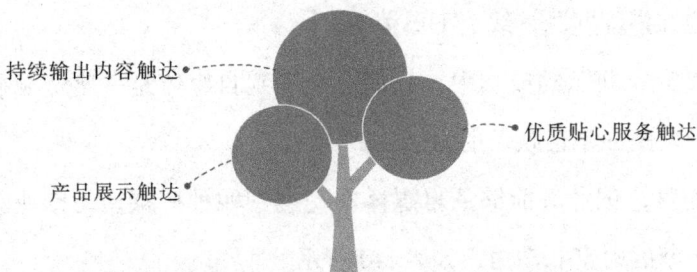

持续输出内容触达
优质贴心服务触达
产品展示触达

图1-1　创业者通过自媒体触达用户的三种方式

1.1.2　一个矿

自媒体是一个有待创业者开挖的金矿，特别是对那些自身没有资源的轻创业者而言，只要利用得当，自媒体便能为其提供源源不断的创业资源。

抖音号"私家衣橱"，从名字上就很容易猜出这是一个运营时尚服饰的抖音号。该抖音号开号不到四个月便吸引了1.4万用户关注，获赞高达59万，成功卖出了几千件衣服。"私家衣橱"是如何做到这一点的呢？

首先，"私家衣橱"的定位很精准，那就是卖衣服，这样可以精准地吸引合伙人。该抖音主播在线下有一家实体服装店,是一位服装店老板。所以，她运营抖音号、引流的目的就很明确——她希望利用抖音庞大的公域流量池，以最低的成本甚至零成本快速引流，打造自己的私域流量池，将更多用户变成自己的专属消费者。另外，很多人看了她的抖音号后，会产生投资意愿，他们便会私信联系"私家衣橱"，谈具体的合作事宜。

其次，"私家衣橱"持续输出优质内容。很多人虽然找到了自己专长的领域，但是却没能坚持下去，最终用户自然都跑光了。而"私家衣橱"却非常有耐心，每天坚持拍摄视频，更新抖音，在第一时间给用户带去最新的服装搭配信息，为用户提供最佳服饰穿搭方案。

"私家衣橱"依靠抖音不仅获得了曝光率，而且为实体店疯狂引流，每天不仅有很多看到她的抖音短视频的用户到店选购衣服，还有大量的外地用户咨询服饰搭配问题，线上下单消费。

从"私家衣橱"的成功中，我们可以看到自媒体是一座资源矿藏，有了它，创业之路便不会缺乏助力。

具体而言，创业者能够从自媒体中挖掘到四种矿藏，为创业获得强大的且源源不断的财富和动力，如表 1-1 所示。

表 1-1　自媒体资源表

资源	内容	举例
资金	创业者通在自媒体展示自己的创业计划、产品、技术等，吸引有意愿的投资方，获得投资	通过创业众筹、风险投资、大号售卖获得第一桶金
流量	创业者可以通过自媒体持续输出内容打造自己的专属流量池，为线下店或线上店引流	将自媒体关注用户导流到微信群、QQ 群内
人脉	通过自媒体，创业者可以找到一帮志同道合的朋友，可以培养出自己的超级用户，可以遇到创业路上的贵人，编织自己的人脉大网	通过自媒体找到了合伙人，一起做内容，做产品，做服务，快速完成变现，实现人生价值
经验	创业之路上有很多大坑，创业者只有尽可能多地汲取前人的经验，才能少走弯路，快速实现目标	学习创业成功者的经验或分析竞争对手的运营方法等

1.1.3 一个IP

对创业者而言，IP就是品牌，是人设，是内容。成功打造了IP，创业便有了捷径——IP越强，号召力越强，对用户的影响范围就越广，用户信任背书的积极性就越强，创业者成功的概率就越大。

抖音号"鄂东老男孩"，创作者是一个出生于湖北大别山区的袖珍老男孩，通过各种下乡维修电器的短视频，记录了农村生活，将最真实的乡村展现在大家眼前。除了原汁原味的农村生活面貌外，"鄂东老男孩"的视频中还处处流露出了勤奋、踏实、淳厚的人格魅力，不管刮风下雨，不管路途多遥远，不管费用多低，只要客户一个电话，他都会立即赶过去。

特殊的身材，淳厚的人格魅力，原汁原味的乡村风土人情，再加上持续的内容输出，"鄂东老男孩"越来越受用户欢迎，慢慢打造出了品牌，成为用户眼中的"网红"。有了人气，"鄂东老男孩"开了自己的小店，通过电商完成了变现。

具体而言，创业者可借助六个方法打造出自己的IP，如表1-2所示。

表1-2　创业者IP打造方法表

方法	内容	举例
做好人设	创业者借助自媒体打造IP，首先要做好人设，在用户心中烙下账号形象	中年油腻大叔，舞蹈行业小鲜肉，乡野美食侦探，等等
包装形象	IP的打造需要创业者包装形象，在用户眼中留下良好的第一印象	总是蒙面示人的形象，总是背对用户的形象，等等
内容输出	打造IP最核心的方法是内容输出，通过专业、个性和满是干货的内容输出，快速打响品牌知名度	"我爱女排"的精彩体育内容"十月呵护"的专业育儿内容"大食代"的优质美食内容

续表

方法	内容	举例
粉丝运营	创业者通过在自媒体上持续输出优质内容，吸引到足够的粉丝后，通过持续互动和系列活动等，提升粉丝黏度，推动用户裂变，扩大自身影响力	转发抽奖，评论有奖，主题征集大赛，旅游路程调查，美食烹饪作品展示，等等

1.2 自媒体 = 平民 + 自主 + 圈层 + 高速

自媒体，顾名思义，是一种属于个人的媒体，个人可以通过在互联网平台上输出内容来表达自己的看法，展示自己的现状，推广某种价值观。简而言之，自媒体就是掌握在个人手中的媒体。相对于传统的电视台、报纸、杂志等媒体，自媒体更灵活，个人自主权和话语权更大。

1.2.1 平民化

相对于传统媒体高大上的门槛，自媒体的门槛非常低。比如，想去电视台露个脸，如果没有较高的社会地位或做出影响较大的英雄事迹，绝对是不现实的，但自媒体却非常容易，只要你在抖音、今日头条、微博、百度、微信上注册一个账号，便可以向外界发出声音，轻松地将自己推销出去。

超过 3000 万人在关注刘筱的微信公众号"夜听"，每天晚上十点倾听他的情感电台。刘筱在节目中会和听众聊聊生活，谈谈情感，唠唠工作，甚至会煲电话粥……刘筱的"夜听"自创建以来，每天夜里倾听着，记录着，扮演着用户知心朋友的角色，成了听众情感的"收纳箱"。

就这样，微信公众号"夜听"，依靠情感治愈定位成功俘获了千万听众的心。一条音频，一句话，一张图片，排版简洁，几乎不用再支出什么额外成本。和文字相比，音频往往会给予用户更强的私密感，更适合传递主播情感，因此"夜听"的用户黏度特别高。再加上从男性视角为女性提供情感抚慰的精准定位，使其吸引了众多女性听众，"夜色"也得以快速进入公众号大咖行列。

借助微信公众号，刘筱成功发出了自己的声音，打造了个人IP，快速完成了变现。可见，自媒体是个人向外界发声的窗口，利用得当，能够产生巨大的商业价值。

具体而言，自媒体的平民化特征主要表现在以下两个方面。

（1）建立零门槛。个人想要拥有一个自己的自媒体账号，非常容易实现，只要拥有一部智能手机，登录今日头条、抖音、快手、微博、微信、百度、腾讯等平台，都可快速申请下来。

（2）运营成本低。除了申请零门槛外，相对于传统媒体，自媒体的运营成本也非常低，甚至趋于零。比如，微信公众号"夜听"，建立之初就两个人，一个是创始人刘筱，一个是他的助理。刘筱曾经是湖南电视台的情感夜话节目的主持人，因此做情感类节目很有经验，轻车熟路，顺利走出了自己的路。

1.2.2 圈层化

人与人之间尽管看似平等，但实际上却存在着一个又一个的圈层。随着互联网技术的发展，之前纵向的阶层分级、体制上的垂直度、代际隔阂等圈层逐渐被横向的社交圈层所取代，于是出现了朋友圈、驴友圈、钓友圈等圈子。

用户的圈层化必然导致自媒体的圈层化，众多志同道合的人因为兴趣爱好等聚集在某个账号或社群，形成一个圈子，更易于打造私域流量池，引领舆论浪潮和创造商业价值。比如，小米CEO雷军，在微博上有账号，在今日头条上也有账号，吸引了数百万喜欢小米的用户关注他。他每发布一条状态或文章，都会引发用户的评论、点赞和转发狂潮，小米的曝光度自然大增。

具体而言，自媒体圈层化主要表现在以下三个方面，如图1-2所示。

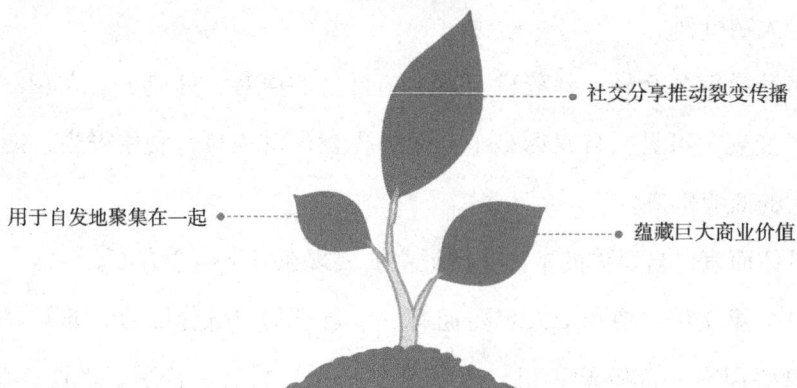

社交分享推动裂变传播

用于自发地聚集在一起

蕴藏巨大商业价值

图1-2　自媒体圈层化表现

1.2.3　自主化

在遵守国家法律法规和各平台规则的前提下，自媒体创作者可以自主地决定账号发布的内容，以图文、音频、视频等形式表达自己的喜好、观点和个性。简而言之，你的自媒体，发布什么，以怎样的形式发布，何时发布，都由创作者自己掌控。

微信公众号"吐槽青年"，创作者曹林认为"吐槽"最大的意义在于提出一个议题，吸引大家参与进来，继而形成一股风潮，弘扬正确的人生观和价值观。

和在报社上班需要遵守严格的审查制度不同，在"吐槽青年"上，曹林可以选择自己喜欢的话题，不会考虑公众性、导向性，不会权衡什么得失。曹林在写公众号内容时，考虑的是个人即时的兴趣和冲动。比如，写娱乐明星，写时事热点，写生活趣事，关注什么就写什么，什么流行就用什么网络流行语，如图1-3所示。

图1-3　"吐槽青年"发布的丰富内容

自媒体的自主化具体表现在三个方面，如图1-4所示。

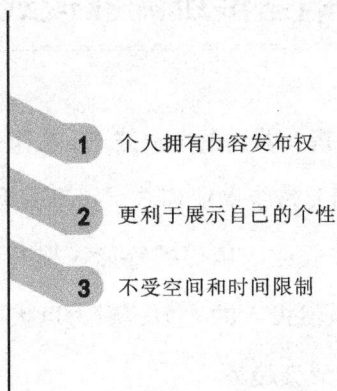

图1-4　自媒体自主化表现方面

1.2.4 高速化

除了平民化、圈层化和自主化外，自媒体还具有高速传播的特性，能够快速将创作者的内容通过互联网送到用户眼前。

具体而言，自媒体高速化传播主要表现在四个方面，如表1-3所示。

表 1-3 自媒体高速化传播表

优势	内容
高速化	自媒体传播最显著的特征是信息传播迅速，一条关注较高的资讯在互联网以及关联的手机 WAP 平台上发布后，会在短时间内抵达自媒体世界的任何一个角落
立体化	自媒体运营可以借助先进的多媒体技术手段，以文字、图片、视频等形式输出内容，对产品进行描述，从而使得潜在消费者得以更形象直接地接受相关信息
便捷化	自媒体运营优于传统推广，其发布并不需要层层审查，大大降低了时间成本
广泛化	自媒体创作者可以通过用户进行裂变式传播，通过爆文形成引爆效应，快速打响品牌知名度，打造个人 IP，完成变现

1.3 底层动销是传统商业模式的最大痛点

所谓"底层动销"，是指在营销的渠道终端，通过一系列的营销组合手段，提高企业或商家销售业绩。传统商业模式下，商家和企业会采用在电视台、报纸、杂志等媒体上做广告或门店促销等形式提升产品销量，但是最终效果往往不尽如人意——虽然投入的人力、财力巨大，却始终无法精准地触达更多用户，保持长久的成交趋势。

1.3.1　传统商业的底层动销难题

随着互联网技术的迅猛发展和人们消费习惯的变化，传统商业模式越来越难以完成底层动销。假如商家和企业顽固坚持传统商业模式，便会越来越难以精准触达用户，最终消失在用户眼中，为市场所淘汰。

2019年6月23日，苏宁易购发布公告，其全资子公司苏宁国际出资48亿元收购家乐福中国80%的股份。从此以后，苏宁易购成了家乐福中国的控股股东，家乐福集团持股比例将低至20%。

曾经风光一时的外资零售巨头家乐福为何走到"卖身"这一步呢？这和其顽固坚持传统商业模式而始终无法解决底层动销难题有很大关系。

具体而言，家乐福中国采用的媒体广告、线下门店促销等商业动销模式，主要有以下五个方面的问题。

（1）终端割裂。家乐福中国渠道层级多，缺乏零售数据，无法掌控终端营销，政策达到率差。

（2）渠道被动。家乐福中国渠道动销被动，上架率较低，产品依然依靠"客户上门"的形式被动销售。

（3）底层动销发力。不知道如何让用户帮忙卖货，不知道如何提升用户黏度，提升用户的复购率，更不知道培养用户的消费习惯，将用户变为自己的终身消费者。

（4）费用浪费。每年在传统动销上花费大量金钱，但是因为盲目撒网，效果却很难保证，导致动销效果事倍功半。

（5）反应迟钝。掌控不了用户数据，缺乏用户流量入口，必然和年轻用户间的距离越来越远，难以跟上他们的生活节奏，继而被他们所抛弃。

可见，不解决传统商业的底层动销难题，另谋出路，商业和企业便很难触达用户，抓住用户。

1.3.2　自媒体为底层动销提供了无限可能

对创业者、企业和商家而言，用户才是最宝贵的资产，谁能获取源源不断的用户资源，谁就彻底解决了底层动销难题，谁就能成为行业的销售冠军。而要获取源源不断的用户，低成本甚至零成本的自媒体便成了首选，也是当前最高效的用户触达工具。

因此，智慧的创业者、企业家都将自媒体作为当前塑造新型商业模式的入口。辛巴、李子柒等依靠自媒体一步步从草根到网红，依靠巨大的用户流量池塘快速完成变现；腾讯、小米、华为等企业创始人和高管也在微博、今日头条等流量平台上扎根，圈粉无数……都取得了良好的宣传推广效果，成功实现了预期目标。

现如今，小米公司已经构建了互联网企业中为数不多的生态链，除了手机外，其产品种类涉及多方面，诸如高科技产品、智能家居产品，甚至是日常百货。虽然种类繁多，看似偏离了原有的核心业务，但小米科技所推出的产品根本不担心销售量，因为小米公司通过构建自媒体矩阵，拥有其他公司难以企及的巨大私域流量池。

从公司层面上看，"小米公司""小米手机"等官方账号早就在微博、微信公众号、今日头条等流量平台生根；从个人层面看，小米公司 CEO 雷军、总裁卢伟冰、副董事长林斌等高管都有自己的微博、今日头条账号，且内容更新速度快，粉丝众多。通过"小米手机""小米公司"等官方自媒体账号和众多高管自媒体账号，小米公司构建了一个巨大的"米粉"私域流量池，孕育了独特的粉丝文化，基本上每款产品推出后都是爆品，不缺销路。这些用户不仅是小米手机的铁粉，更是小米科技其他产品的忠实用户。只要他们有需要，都会把小米推出的产品作为第一选择。可见，自媒体为商家、企业的底层动销提供了无限可能。

具体而言，创作者有三种方法将自媒体打造成底层动销入口，如图1-5所示。

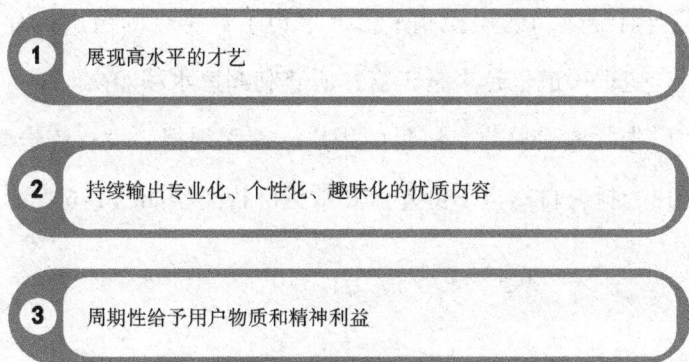

1 展现高水平的才艺

2 持续输出专业化、个性化、趣味化的优质内容

3 周期性给予用户物质和精神利益

图1-5 推动自媒体入口化的三个方法

1.4 卖货第二，圈人第一

在商业世界中，原来一切都按照"商品"归类，而现在和未来一切则按"人群"归类。但是随着互联网技术的快速发展，卖货第一的商业思维显得越来越冰冷，越来越低效，在流量为王的现在，圈人则成了第一选择——谁善于圈人聚人，掌控流量，谁就能更快速地崛起。基于此，当前很多创业者、商家和企业都主攻"愉悦用户"和"更便捷的服务"，通过自媒体向用户源源不断地输出内容、价值和服务。如此一来，通过自媒体，创业者、商家和企业将原本的"卖商品"变成了输出"内容+利益+商品"，构筑了自己的专属流量池塘。

1.4.1 有人有流量才有利润

移动互联网时代，人才是第一位的，流量就意味着金钱。因为人的需求是一切商业服务的核心，产品、服务等商业元素只有满足了人的需求，才能转化为实实在在的利润。因此，不管是线上还是线上，都需要优先圈人聚人。

抖音是当前最热门的短视频平台，聚集了数量级的用户。有了人，有了流量，抖音变现渠道也越来越丰富，所获利润也水涨船高。

第一，广告收入。只要有海量的用户，就无须担心没有广告商找上门，拥有海量用户的抖音自然也不例外，其常见广告类型如图1-6所示。

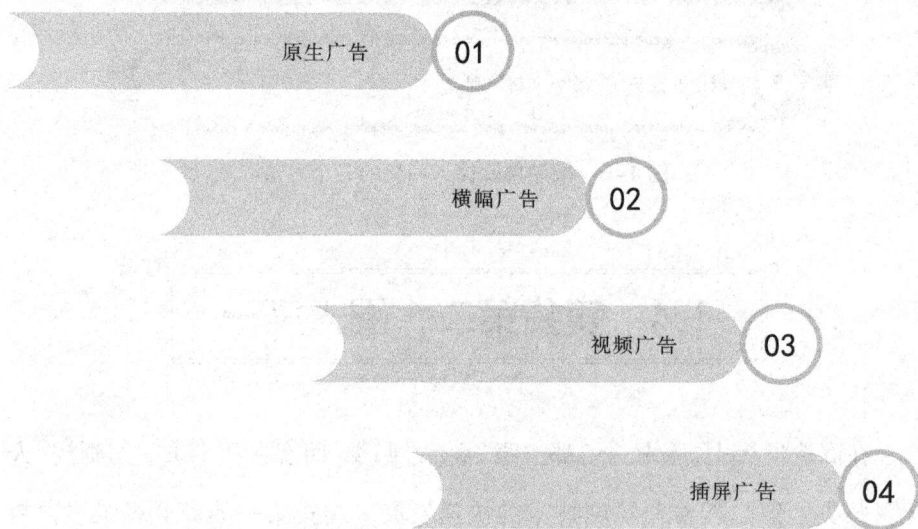

原生广告 01

横幅广告 02

视频广告 03

插屏广告 04

图 1-6 抖音上常见的四种广告

第二，与主播分成。抖音上有各种各样的主播，其中更不乏千万级大咖。但凡是粉丝量大一点的主播都会接到广告，而抖音参与了这些广告的分成。此外，抖音还和直播平台一样，抖音主播进行直播时所获得的打赏，抖音也参与了分成。

第三，用户导流变现。抖音有庞大的用户量，除了给新产品导流扶持新产品外，还为其他企业和商机导流，比如，与淘宝联盟客合作，为淘宝导流。

第四，电商变现。2018年开始，抖音就在慢慢接触电商行业，并上线了电商小程序，希望通过电商快速变现。

第五，企业蓝V变现。抖音开发了企业蓝V入驻的功能，帮助企业和商家做好营销工作，而企业蓝V验证与普通号不一样，需要缴纳一定的费用。

第六，免流变现。抖音与移动、电信、联通合作，推出了免流看抖音的手机卡。

第七，DOU+热门。在抖音，如果想通过热搜、热门增加视频播放量和涨粉，只要进入DOU+热门功能下订单即可。

第八，彩铃业务。现在各大音乐网站的热门歌曲，很大一部分都是来自抖音，这些歌曲音频很受用户喜欢，据此，抖音就推出了彩铃业务，只要6元即可包月。

1.4.2 免费、利他，怎么聚人怎么玩

创业者、商家和企业如何才能圈人呢？一方面，创业者、商家和企业需要抓住用户需求，有针对性地提供产品和服务；另一方面，需要改变思维，以免费、利他、平台等思维向用户倾斜资源，给予用户更多实实在在的利益，如此，用户才更愿意关注你，参与你的活动，购买你的产品和服务。

作为全球电商巨头，2018年亚马逊的营业收入高达2320亿美元，是阿里巴巴营业收入的4倍。亚马逊的成功，离不开其建立在利他思维基础上的圈人战略，如表1-4所示。

表1-4 亚马逊圈人战略表

战略	内容
以FBA平台连接卖家和用户	企业和商家最在意"快速将产品送到用户手中"，亚马逊为了满足企业和商家的这一需求，搭建了遍布全球的高效储货、送货系统，完全对外开放，服务于全球所有企业用户。这样一来，全球的任何企业和商家，只要接上亚马逊的FBA平台，就能将货物快速送到用户手中

续表

战略	内容
以 AWS 云服务帮助卖家成功	亚马逊搭建了一个"能力不受限制"的 AWS 云服务器系统，在满足自身发展需求的同时，对外开放，服务于各类企业用户，任何企业都可以借助这套服务系统在互联网上拓展业务。而不用自己承受高昂的代价搭建服务器系统
以线下实体店打造极致体验	亚马逊实体书店完全按照用户需求打造：每本书的封面都朝向用户；每本书都配有一个二维码；实行打分分类模式；设置亲子阅读空间

正是凭借着这种"处处利他"服务企业和用户的经营理念，亚马逊成了企业盈利的合作者，用户利益的铸造者，圈人聚人无数，继而一路高歌猛进，成为世界商业板块中的一颗璀璨明珠。

以免费思维超出用户的预期。不管是线上还是线下，都要敢于利用免费思维圈人圈粉。要知道人性都是贪婪的，每个人或多或少都有占便宜的心理，当你的产品亦或服务品质好且免费的时候，对他们而言无异于天上掉馅饼，自然会疯狂向你聚集。

以利他思维给予用户更好的体验。需要秉持利他思维服务用户，用户需要什么就给予用户什么，用户习惯什么就怎么设计，用户渴望什么就提供什么资源。你应当是一个帮助用户享受美好生活的方案提供者，应当是帮助用户实现理想的梦想赞助家。

以平台思维给予用户更多的资源。善于整合各方资源，搭建平台，为用户提供更全面、便利的服务。如此一来，你就可以凭借自媒体平台快速聚集流量，并将用户牢牢锁定在上面。

1.5 自媒体的最终目的——强用户关系

自媒体持续输出价值内容，吸引用户关注、点赞、分享，最终的目的就是在用户心中烙下"我很有用"四个字，将用户牢牢绑定在自己的战车上。如此一来，创造者一来有了巨大的流量储备，二来将原本冰冷、疏远的关系转变为有温度的朋友甚至亲人关系。有了强用户关系，用户便更愿意为你背书，创作者的变现之路将变得更加平坦。

1.5.1 打造个人IP

个人IP，就是人们经常说的个人品牌，一个人的影响力本质上是一个人流量和人脉的集合体。自媒体创作者想要最大限度地强化用户连接，构建更大私域流量池，打造个人IP是一个高效方法。

卡卡珠宝是一家位于深圳的珠宝公司，拥有多家珠宝销售店，主要面向年轻用户销售个性化的定制珠宝。卡卡珠宝老板娘娄丽丹善于通过微信公众号向用户输出珠宝知识以及实实在在的利益，有利于赢得口碑和信赖，打造强用户关系。

在关注微信之前，娄丽丹和用户接触渠道是互联网论坛。后来卡卡珠宝老板娘将论坛上的用户导流到微信公众号，构建私域流量池。

除了在微信公众号上展示自己的钻石、翡翠、彩色宝石外，娄丽丹最希望的还是带着大家一起玩，经常不定期搞一些特价秒杀活动，谁先看到，先下单，谁就能以惊喜价抢到心仪的产品。因此，很多老用户会因为没有及时看到其公众号活动信息而懊悔，只能满含期望地守着手机等待下一次机会。

在做秒杀活动的同时，娄丽丹还在微信公众号上开起了"免费培训班"，向大家科普珠宝专业知识，讲述珠宝文化。从宝石的诞生过程到各种颜色宝石的象征意义，从珠宝价值分析到翡翠鉴定，每次都吸引了大批用户围观。

除了秒杀活动和普及珠宝专业知识外，娄丽丹还以温情满满的"定制故事"锚定用户，引导用户转发分享。"定制故事"的主角都是老用户，不管是文字还是图片，都非常真实，动情，短小精悍而又富有个性。久而久之，娄丽丹和用户之间就建立了更深的情感连接，吸引更多老用户介绍新用户，进一步带动了珠宝产品的销售业绩。

渐渐地，娄丽丹在深圳开始小有名气，卡卡珠宝也成了关注她的年轻人选购珠宝时的首选。

娄丽丹的成功其实就是强用户关系的成功，通过秒杀、专业知识分享和定制故事，她成功地将自己打造成了用户心中的一个符号。

个人 IP 的成功打造需要满足五个条件，如表 1–5 所示。

表 1–5 打造个人 IP 条件表

条件	内容
完善的知识体系	成功的个人 IP 首先要有一个完善的知识体系，能够向用户系统传播某一领域内的专业知识。比如，卡卡珠宝老板娘娄丽丹，便具备珠宝行业完善的知识体系，能够向用户系统性地传递珠宝专业知识
高曝光属性的传播途径	成功的个人 IP 应当具有高曝光的传播途径，能够通过各种渠道将自己的内容输出给用户
系统的运营思维	个人 IP 的运营要有系统性，不能想怎么做就怎么做，比如可以分阶段分节点做活动运营
种子用户	种子用户等于压舱石，种子用户越多，裂变的速度就越快，效果就越好

续表

条件	内容
好看的形象和有趣的灵魂	形象是吸引用户关注的首要因素，特别是在这个看脸的时代，形象越好越得体，个人能够获得用户关注的概率就越大。除了形象外，个人 IP 想要做大，还需要一个有趣的灵魂，能够生产出有趣的内容，才能对用户产生最大的吸引力

1.5.2 价值，价值，还是价值

用户关注你的自媒体，信任你的自媒体，传播你的自媒体，最重要的一个原因就是你的自媒体能够为用户带来价值——精神上的愉悦亦或功能上的需求。要知道人是趋利性动物，有利益，才会更有关注的积极性，有分享的能动性。

抖音号"煎盘侠"，截至 2020 年 4 月 10 号，拥有 188.3 万粉丝，内容获赞 1430.3 万。其发布的内容主要和"煎盘"有关，主张"万物皆可石板烤"，通过每天发布的各种石头烧烤短视频，持续为用户输送价值，如图 1-7 所示。

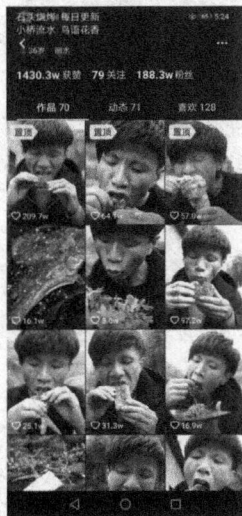

图 1-7 "煎盘侠"发布的各类短视频

价值一：奇趣。秉持"万物皆可石板烤"的原则，"煎盘侠"除了在石板上烤鸡腿、烤猪肉、烤鱼、烤海鲜、烤年糕等"常规"食材外，还在石板上烤花、烤火龙果、烤鱼骨、考竹笋、烤西红柿、烤橘子、烤树叶、考仙人掌……视频充满了奇趣，为粉丝们带来了满满的快乐价值。

价值二：美食教程。"煎盘侠"的食材虽然只有一人份，视频全程只有油滋滋的声音和他吃食物的声音，但是简单却不简陋，烹制美食的步骤和放入的佐料名称一样都不会少，全部清晰地展现在用户眼前，堪称一部石板烧烤教程。

价值三：青山绿水。"煎盘侠"发布的视频不仅清晰度高，而且拍摄场地山清水秀，风景优美，让人看了心旷神怡。优美的视觉享受，让生活在钢筋水泥丛林中的用户渐渐产生了强烈的期待感。

一般而言，通过自媒体，创作者可以给予用户三种价值，如图1-8所示。

图1-8 产品之于用户的价值

（1）社交价值。人是社会化的动物，彼此之间相互依存，不管生活还是工作，都离不开社交。因此，当自媒体能够给予用户社交价值时，用户对其便会更有好感，甚至产生强烈的依赖性，分享的意愿自然会更明显。比如，自媒体创作者可以发布短视频向大家展示自己的特长，交朋友，圈粉丝，获得成就感，也可以通过点赞、评论、转发等表达自己的观点和倾向。

（2）索取价值。所谓"索取价值"，即用户为实现某种目标而产生的索取需求，当你的自媒体能够在资源、信息等方面满足用户索取帮助他们实现某一目标时，你的自媒体在用户眼中便更具价值。比如，用户通过你的自媒体可以获得实用的生活和工作技巧，更好地提升生活水平和工作效率。

（3）自我价值。很多时候，用户在目标的驱动下，会克服障碍，即使仅仅是因为这个过程能带来满足感。出现这种行为的原因在于人们通常渴望"终结"，渴望能够通过实现个人目标将自己变得更有价值。因此，自媒体应有利于用户实现自我的价值，让用户获得终结感和成就感。比如，自媒体可以开放内容生产环节，邀请用户参与文章主题拟定、活动策划等运营环节，以此让用户感受到更大的自我价值。

2 人设：
90% 的自媒体都倒在了标签化道路上

自媒体账号原本在用户眼中是无生命的数字化产物，它虚幻、呆板，但假如为其打造一个人设，那么账号在用户眼中便有了血肉，有了具体的形象，有了能够感知的个性，对其印象自然更为深刻。因此，自媒体创作者需要结合定位和自身能力，为其账号打造一个丰满的、满足用户期望的人设。

2.1　一个好人设就成功了 60%

自媒体人设，就是自媒体的人格化设定，一个好的人设能够让原本冰冷呆板的自媒体账号在用户眼中变得更加生动和独特。比如，一个美食自媒体的账号人设为"大腹便便的厨子"，用户看了之后便会在头脑中自然而然地生成"胖厨子"的形象，继而对该账号生出亲切和信任感。

2.1.1　自媒体人设到底是什么

曾任美国社会学协会主席的戈夫曼认为：社会即舞台，每个人都是这个舞台上的演员，按照固定的台本，扮演着相应的角色。其实平台也是一个社会，自媒体账号要想快速脱颖而出，为用户所熟知、亲近、喜爱，也需要扮演好自己的角色，即人设。

很多人觉得"末那大叔"能够红遍大江南北，凭借的是运气，拍拍抖音就火了。其实不然，抖音仅仅是"末那大叔"引爆的一个平台，其成功除了本身有料之外，最关键的一点在于他拥有能够随着社会发展和用户需求不断转型的好人设。

一提到"末那大叔"，有人想到的是爱与美食，有人想到的是情感博主，有人想到的是时尚父子作家，这些人格化标签让人们觉得"末那大叔"就是身边的生活、情感和潮流顾问，是一个无话不谈的知心朋友。

"末那大叔"人设1.0时代：爱与美食。

"末那大叔"创办人杨楷，最初是一家连锁西餐厅的老板，当很多餐厅在玩社群时，杨楷便预测到自媒体在互联网时代的重要性，开始尝试自媒体运营。杨楷的微信公众号初期的2万人都是来其餐厅吃饭的顾客，他将自己的微信公众号人设定为"爱你的厨子"，因为人设有趣，定位精准，所以吸引了很多女性粉丝关注。

"末那大叔"2.0时代：一个有故事的温情大叔。

杨楷意识到人设的重要性后，将公众号人设转型为"情感治愈专家"，开始强化内容垂直度，提升文章品质。《有一种喜欢，叫我想和你吃饭》，凭借着俏皮的文字、清晰的排版、暖心的漫画以及独创的"今日黄历"，获得了10万点击量，成为刷屏爆文。

之后杨楷搭建了运营团队，开始持续输出情感治愈系内容，诸如《去做你害怕的事，去见你害怕见的人》《最舒服的关系就是凡事不用猜》《男人的层次，看他身边的女人》等文章，都成为刷屏好文，为公众号吸引来大批粉丝。

"末那大叔"3.0时代：时尚父子作家。

随着用户需求的变化，"末那大叔"也随之有了冲破不同平台圈层、升华人设的想法。之后，杨楷以微信公众号为大本营，用流量带动跨界营销，拉上了他的父亲"北海爷爷"，杀入时尚父子档，啃下新流量阵地"抖音"，摆脱了单一平台依赖，打造出了"时尚父子作家"新人设。

可见，人设成功了，自媒体也就一脚跨进了成功的大门。

具体而言，自媒体的人设可以分为三类，如表2-1所示。

表 2-1　自媒体的人设分类

类型	内容	举例
自然人设	所谓自然人设，是指性别、相貌、年龄以及血缘关系等，诸如是男是女，是谁的儿子女儿，是谁的孙子孙女，这些都是自然形成的，不可改变的	某某著名音乐家的儿子暖心小鲜肉
社会人设	社会人设包括自媒体创业者的社会身份、职业身份，是老师还是学生，是白领还是蓝领，即可由自身决定，也可受社会供需关系影响	教高三的油腻秃顶大叔
自由人设	这类人设是由自媒体创作者自己把控的，几乎不受外界的影响，诸如屠龙者、情感梳理大师、潮流引领者等。自媒体创作者可以通过行为和内容输出在用户认知中烙印相应的人设形象	乡村美景美食嗅探者和收割者

2.1.2　好人设的三大作用

头条号"手机小江哥"，人设为"机海省钱哥"，其理念是让用户了解每种型号的手机，让用户买到最适合自己的性价比高的手机。

"机海省钱哥"人设，使用户看到"手机小江哥"的头条号时，便会产生亲切感，觉得它上面的内容是站在用户立场上创作的，实在且值得信任，能够节省不必要的开支。于是在绝大多数用户眼中，"手机小江哥"便成了自己手机的省钱小参谋，久而久之，便成了很多用户选购手机的一个渠道。

可见，自媒体必须有一个好人设，并非为了装腔作势，哗众取宠，而在于好人设对于做好自媒体拥有三大不可替代的作用。

（1）人格化。冰冷、呆板的自媒体账号很难激发用户的兴趣和关注，而丰满的人格特征则让自媒体账号看起来更像一个个性鲜明的人，在用户眼中自然更具亲切感，用户也更愿意关注自媒体账号。

（2）信任化。好人设的自媒体账号在用户眼中更具权威性，输出内容更容易被用户看中，更易于获得用户信任，推动他们口口传播或在互联网上转发分享。

（3）价值化。好人设的自媒体账号一方面更易于引发平台关注，获得平台更大的流量支持，另一方面还非常容易为用户所铭记，更利于圈粉涨粉和营销推广。

2.2　差异化是人设爆表的催化剂

有辨识度的人在什么环境中都会被第一眼识别出来，同样的道理，有差异化的自媒体人设，也会在第一时间吸引用户关注，甚至在用户心中留下深深的印记。

2.2.1　逆向战略

自媒体的人设想要做出差异化，最好的方法是采用逆向战略，在其他自媒体都向同一个方向狂奔的时候，反向而行，抛弃大家都追捧的人设，塑造一种或新或奇的人设，自然能够让用户眼前一亮，并在他们心中留下深刻烙印。

陈亮的微信公众号定位为教育内容创作，主要发布其总结提炼的各种学习方法类的文章和视频。因为是教育类内容，所以其他公众号的人设都非常严肃、严谨，诸如"学习机器人""高三铁血老师""无敌学习方法达人"等，陈亮觉得自己随大流的话，人设会同质化，在用户眼中自然没有辨识度，更不用奢望用户能够记住了。

陈亮思来想去，决定反其道而行，其他公众号严肃，自己便走卖萌和可爱路线,以"卖萌"的姿态颠覆大众对教育的认知,通过调皮的文风和画风快速吸引年轻用户。为此,陈亮将自己的微信公众号人设定为"学习瞌睡虫",头像是专门设计的卡通瞌睡萌娃,不仅有趣、可爱,而且喜感十足。

陈亮的逆向自媒体人设达到了良好的效果,为其吸引了大批用户。

可见,逆向战略可以显著地帮助自媒体创作者提升人设的辨识度。那么在具体的人设拟定过程中,创作者如何运用逆向战略呢?步骤有三,如图 2-1 所示。

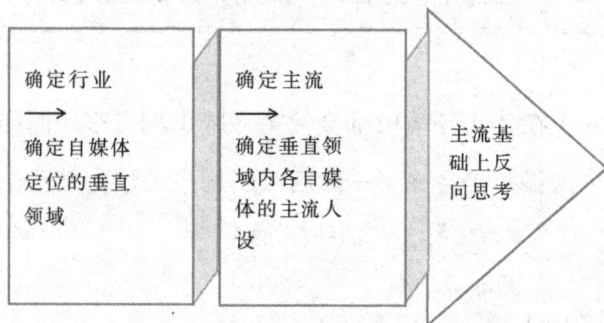

确定行业 → 确定自媒体定位的垂直领域

确定主流 → 确定垂直领域内各自媒体的主流人设

主流基础上反向思考

图 2-1 人设逆向战略践行步骤

2.2.2 垂直细分

自媒体想要做出差异性,垂直细分是最简单有效的方法。通过对行业内主流账号或竞争对手人设的研究和细分,自媒体创作者便能做出明显的差异化,继而大幅提升自身账号人设的辨识度。

微信公众号"江小白"的人设为"热爱生活的闷骚文艺青年",专攻"闷骚路线",将自身定位为"90""95"后年轻用户的老友,了解他们的情感诉求,在他们孤独、失意的时候安慰他们,做他们的精神伴侣。

因此,江小白输出的内容都能"扎心",能够直接触动年轻人的情感之弦,写出众多年轻人的心声,从而快速圈粉涨粉,成为年轻人朋友圈刷屏的对象。比如，《再等等，我们会见面的》《春暖花开，奔你而来》《成长就是将哭声调成静音，约酒就是将情绪调成震动》等富有洞察力的情感痛点文章，让用户感同身受，让用户把"江小白"视为知己，将"江小白"当成了生活中不可或缺的部分。

江小白的"热爱生活的闷骚文艺青年"的垂直化人设，差异化明显，辨识度和针对性强，因此快速吸引了大量年轻用户的关注。

具体而言，细分的类型，如图 2-2 所示。

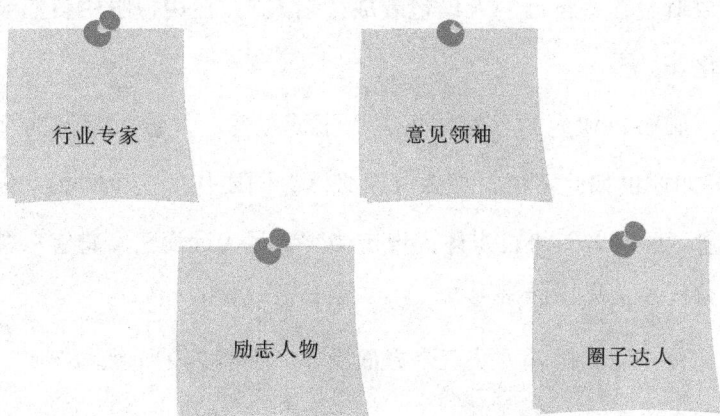

行业专家　　　　意见领袖

励志人物　　　　圈子达人

图 2-2　自媒体人设垂直细分类型

（1）行业专家。在一个行业内，尽管自媒体的人设五花八门，但是受制于专业知识或技能，专家人设却相对较为稀缺。结合自身特长，通过对普遍人设的细分，自媒体创作者可以将自己设为某一细分行业的专家，提升账号在用户眼中的辨识度。

（2）意见领袖。和行业专家一样，意见领袖的人设也相对稀缺，因此自媒体创作者可以通过细分将自己设定为某个领域内的意见领袖，以此提升人设的辨识度。

（3）励志人物。假如自媒体创作者在某一方面通过不懈努力有所成就，或者经历过某种坎坷，则可为自媒体账号打造一个励志人设，以百折不挠的拼搏和奋斗精神提升辨识度。

（4）圈子达人。自媒体创作者在某一圈子内有鲜明的个性或技能，诸如钓鱼达人、美食高手、刀功无敌厨师等，都可以作为自媒体人设，可以赋予自媒体显著的个性，在用户心中留下深刻印象。

2.2.3 缩放概念

想要在人设上做出差异化，除了逆向和细分之外，自媒体创作者还可以通过缩放概念，将自己的人设包装成"新人"，在用户眼中自然会出现明显的差异化。

比如，旅游行业内的自媒体人，为了博眼球，人设大都倾向于"穷游的人"，假如你也如此定位，那么人设必然会同质化。这个时候，你便可创造一个概念"磨鞋客",将自媒体人设定为"看尽天涯海角磨鞋客","磨鞋客"相对于已经烂大街的"穷游者"人设，用户自然更有印象。

具体而言，缩放概念可从三个方面操作，如表2-2所示。

表 2-2 缩放概念操作的三种方法

方法	内容	举例
缩小概念	在原有概念基础上缩小细分，得出一个更具新意的自媒体人设	"爱跳舞的小胖墩"，将此人设缩小为"芭蕾舞轻盈小胖墩"
放大概念	在原有概念基础上进行放大延伸，最终获得一个更具新奇感的全新自媒体人设	"穷游东北的学生"，将此人设放大为"骑着自行车去伦敦的光头哥"
异化概念	用其他关联性词语重新概括原概念表达的人设，给予用户一种新概念体验	用"磨鞋客"的人设替代原本的"穷游者"人设

2.3 结合自身能力合理打造人设

为自媒体选择人设和选鞋是一个道理，鞋子要根据脚的大小选择，小了或者大了都会不舒服，自媒体人设也需要创作者根据自身能力设定，名副其实的人设才能为自媒体添彩，让其在用户心中留下深刻印象，相反，脱离实际的人设则会让用户产生怀疑甚至反感。试想一下，一位50岁大叔将自己的抖音号人设定为"会放电的小鲜肉"，这种欺骗性人设虽然能够短期内为账号带来较大流量，但真相大白之时，用户便会生出被欺骗感，继而纷纷离去。

那么创作者如何才能结合自身能力为自媒体打造出好人设呢？通常而言，创作者可以通过三步解决这个问题。

2.3.1 告诉别人"我是谁"

我是谁？首先要回答好这个问题，创作者才能对自己有一个清晰的认知，才能更好地向用户介绍自己，展示自己。而且，当你想要影响一些人的时候，别人脑子里首先想到的一个问题会是"这个人是谁"因此，自媒体创作者只要回答好这个问题，便能在对方心中留下深刻印象，甚至能够因此获得他们的好感和信任。

有一个"静家常菜"抖音主播，她的抖音号有一百多万粉丝，累积点赞超过450万。她是如何做起来的呢？你可能想不到她起初只是一名带娃的妈妈，为了可以在抖音上有知名度，她结合自己现实中的"辣妈"角色，将自己的抖音号人设定为"巧手小辣妈"，直接告诉用户自己是一个有性格会做菜的宝妈。"静家常菜"每天都会在抖音晒出美食,分享美食烹饪技巧。

"巧手小辣妈"的人设让其看起来更俏皮,更有烟火气息,再加上"深夜放毒"的味蕾诱惑,让"静家常菜"成了众多不会做饭的粉丝眼中的焦点。她在抖音直播做饭过程,展示各种特制厨具,且创意十足,花样百出,为美食添加了趣味性和时尚性。通过持续内容输出,"静家常菜"的知名度逐渐上升,粉丝从一开始的几百人涨到一百多万人。

想要告诉用户"我是谁",创作者可以利用心理学的"大五"人格理论,通过标签来明确自己究竟是怎样一个人。

"大五"人格代表性词汇如表2-3所示。

表2-3 "大五"人格代表性词汇

类型	高分	低分
外向性 vs 内向性	外向、大胆、善谈、精力、自信	退缩、胆小、沉默、保守、害羞
宜人性 vs 敌对性	热情、和气、信任、大方、团结	冷淡、疏离、猜忌、吝啬
责任心 vs 随意性	可靠、实际、勤奋、井井有条	善变、眼高手低、懒惰、粗心大意
情绪稳定 vs 神经质	放松的、稳定的、满足的、镇定的	紧张、不稳定、不满足、易怒
开放性 vs 封闭性	想象力强、好奇、善思、有创造力	无想象力、无好奇心、呆板、守旧

自媒体创作者从表2-3给出的标签中选出认为最符合自己的,将之串联起来,即可完整地回答"我是谁"的问题。

比如"外向、值得信任、可靠且富有想象力""胆小、可靠、易于满足且善于思考""善谈、大方、勤奋、镇定且好奇心强烈"等。需要注意的是，信任感是自媒体时代最宝贵的资源，假如自媒体创作者能够快速地让用户感受到真实和信任，那么用户便更倾向于关注你，亲近你，喜欢你。

2.3.2 告诉用户"我将成为谁"

从心理学上看，人人都有警惕心理，在面对陌生人时会采取防御策略。很多人所在意的并非是别人接近自己的目的，而是他们在这个过程中是否真诚，有没有欺骗自己。因此，自媒体创作者打造人设可以直白地告诉用户自己的目标，诸如"现在的标签并非固定，在不久的将来我还会变得更好"，或者直接说出你的榜样，树立一个追赶超越的对象。

头条号"冒险雷探长"，创作者是知名的旅行家，输出内容主要为其在世界各国的所见所闻。

"冒险雷探长"人设为"立志走遍天下的风景侦探"。"立志走遍天下"很直接地告诉用户它会成为"大家了解各国风土人情的柯南"，这种人设对忙于工作没有时间出去走一走的人来说是极具杀伤力的，特别是其还立下了"走遍全世界"的大志愿，因此大大提升了用户的价值预期和关注热情。

一成不变的人设，用户最初可能会觉得不错，但是看的时间久了，便会产生审美疲劳。而不断演变和升华的人设，则会给予用户强烈的期待感。因此，让用户见证你的变化，甚至参与你的变化，创作者才能更轻松地赢得用户的心，甚至变成他们生活中不可或缺的一部分。

具体而言，自媒体创作者可以从两个方面告诉用户"我将成为谁"，如图 2-3 所示。

01 设定目标：将来要变成一个什么样的人

02 树立目标：我要成为和谁一样的人

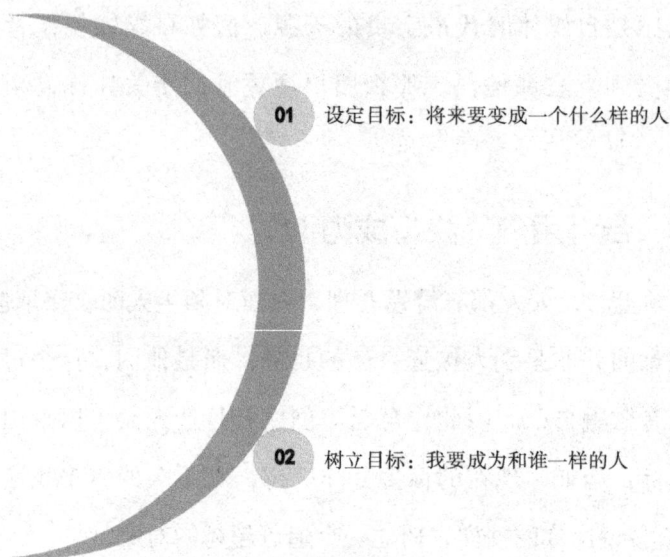

图 2-3 告诉用户"我将成为谁"的两个方法

2.3.3 告诉用户"我将如何行动"

只有承诺而不付诸行动，只会提前消费用户的信任，导致用户不断流失。因此，自媒体创作者需要制订一套切实可行的方案，将之展现在用户眼前，让用户明白你将如何行动。比如，你告诉用户将来要成为"知名情感专家"，那么你就必须有一个相应计划，将目标变为实实在在的行动。如此，用户才会更信任你的人设。

那么自媒体创作者如何将计划付诸实际行动呢？创作者可采用WOOP法，让自己高效地部署和执行计划。

W——wish，愿望

O——outcome，结果

O——obstacle，障碍

P——plan，计划

有愿望，才有欲望，才会产生行动力。就好比戏剧中的主人公都需要一个目标一样，自媒体创作者想要让自己的人设更真实，更贴近生活，让用户觉得人设和能力相匹配，就需要将愿望说出来，讲明白，并信誓旦旦地表达实现这一愿望的强烈行动意愿。这样一来，就等于破釜沉舟，没有了任何回头的余地，创作者自然会产生紧迫感，将计划付诸行动的意愿便会更加强烈。

结果。愿望毕竟是空中楼阁，比如，自媒体将来的人设是"这个世界上最幸福的人"，但是这种人设根本没有边际，没有确定的终点，创作者可以一直追下去，但却不能在短时间内让用户觉得你已经成了世界上最幸福的人。因此，创作者需要一个具体的目标，比如，成为"我们村的骄傲"，达成这个目标，你的幸福便实现了一部分，如此一来，自媒体的人设也就有了阶段性成果。

障碍，也就是所谓的冲突，有冲突，人设才更真实，对用户更具吸引力。比如，很多人看戏剧，看电视、看电影，其实本质上看的就是冲突和障碍。因此，自媒体创作者在明确行动过程中，需要和用户分享遇到的每一个障碍，并且时不时地寻求用户的帮助。这样一来，用户便会觉得你遇到了困难，你真的在践行人设，并且在和你一起制订计划克服困难的过程中，获得强烈的成就感，就会更加认同自媒体的人设。

有了前三个步骤，自媒体创作者的计划制订将更变得更加高效，更易于获得用户认可。需要注意的是，计划的制订要结合创作者自身的能力，要将用户拉进去，让用户出言献策。如此，自媒体的人设才会成为用户生活中的一部分，他们才会和你一起成长和超越。

2.4　根据用户需求塑造人设

自媒体内容的消费者是用户，因此，用户是自媒体打造人设的出发点——用户的需求是什么，自媒体就塑造什么人设。如此，用户才更易于被自媒体所吸引，简而言之，根据用户需求塑造出来的人设，更易于让用户产生亲近感和信任感。

2.4.1　结合定位领域分析用户普遍需求

自媒体创作者可以从定位的领域出发，剖析关注该领域的用户主流需求，继而有针对性地打造自媒体人设。

比如，你的自媒体定位于历史知识挖掘，那么关注历史的用户，他们的主流需求是什么呢？这样一想，答案便呼之欲出了，关注历史的用户，一部分人在于通过历史总结经验，将之运用于现代社会，让自己更好地适应社会，更快地实现人生价值；另一部分人则基于好奇、猎奇等心理，窥探历史著名人物趣事、隐秘等。在此基础上，你的自媒体人设可以是"咀嚼历史成就现在的考古学家"，也可以是"趣说历史的快板先生"。

"私家衣橱"是一个输出时尚服饰内容的头条号。为了强化账号在用户心中的好感度，"私家衣橱"抓住女性用户对时尚服饰的需求，将账号人设定为"潮流服饰私家小侦探"，创建仅仅三个月，便吸引了三万名潮流女性围观，获得了 100 万点赞。

为什么"私家衣橱"的人设能够产生这样的魔力呢？

首先，"私家衣橱"很确定自己的特长是什么，凭借着十几年的服装从业经验，其创作者对服饰潮流异常敏感，能够精确地预见服装行业的潮流发展趋势。"服饰潮流私家小侦探"的人设，很清晰地告诉了女性用户该头条号展示的是"服饰的潮流"，暗示她们能够在这里获得服装行业最新情报。

其次，"私家衣橱"能够精准地了解用户对服饰的需求。"私家衣橱"擅长服装搭配，而且凭借创作者高挑的身材和独特的挑款优势，在文章和视频中形象地展示了时尚潮流，帮助用户更好地搭配服装，在不同的季节穿出不一样的个性和风采。

可见，迎合用户需求的自媒体人设才更具吸引力。

结合定位领域分析用户普遍需求的自媒体定位流程，如图2-4所示。

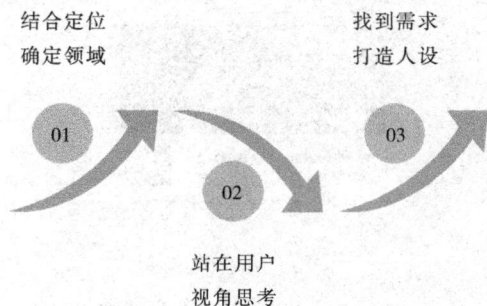

结合定位　　　　　　　　　找到需求
确定领域　　　　　　　　　打造人设

01　　　　　　　02　　　　　　　03

站在用户
视角思考

图 2-4　结合定位领域打造自媒体人设流程

2.4.2　抓住用户的痛点需求

除了针对用户的主流需求打造自媒体人设外，创作者还可以针对用户痛点需求塑造人设。所谓痛点需求，是指用户最迫切但短时间内却得不到满足的需求，比如，家长普遍担心孩子的安全，人们在雾霾天普遍担心市内空气质量，等等。自媒体用户也存在着普遍性痛点，找到他们，然后有针对性地打造出来的人设，自然会引发用户关注甚至尖叫。

微信公众号"石榴婆报告"的人设便抓住了用户的痛点需求，"比八婆还要八婆的十六婆"人设，抓住了用户内心中普遍存在的八卦娱乐痛点——很多用户在窥探心理的驱使下，对娱乐明星和他们的穿搭非常着迷，但是却找不到一个有趣可信的平台。"比八婆还要八婆的十六婆"，大大满足了用户"超强八卦"的期待感，其内容自然对用户产生了强大的吸引力，如图2-5所示。

图2-5　"石榴婆报告"内容

具体而言，自媒体创作者可以通过三种方法挖掘用户痛点，如图2-6所示。

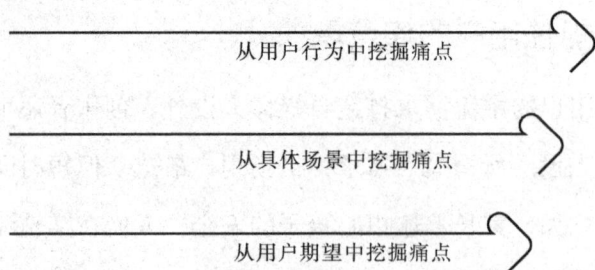

从用户行为中挖掘痛点

从具体场景中挖掘痛点

从用户期望中挖掘痛点

图2-6　自媒体创作者挖掘用户痛点方法

找到了用户痛点，自媒体创作者就可以有针对性塑造自媒体的人设。比如，你的自媒体定位是"网购攻略"，那么关注你的用户需求痛点是什么呢？通过分析用户期望，便可很快速发现他们的痛点——省钱。如此一来，你便可将自媒体人设定为"一个处处省钱的老抠门"。

2.4.3 人性需求

针对用户的人性需求打造自媒体人设也是一个非常实用的方法。触达人性一次，自媒体人设在用户心中的印记便深一分。

人性一：懒惰。

懒惰是人的天性，很多人都会幻想花最少的力气做最多的事情，衣来伸手饭来张口。因此，假如自媒体人设能迎合用户人性中的懒惰时，便能得到更多用户的好感，比如"能走绝不跑的胖子哥"。

人性二：贪婪。

贪婪是人性的重要表现，每个人或多或少都存在着贪便宜的心理，当发现自己可能会占大便宜时，人们便往往会蜂拥而至。自媒体创作者对贪婪的人性利用得当，人设便会更具吸引力，诸如"分享免费酒店体验机会的油腻大叔"。

人性三：虚荣。

人人都渴望自己在别人眼中与众不同，从别人的眼光中感受到羡慕，获得自我认同，这便是人性中的虚荣。因此，当自媒体的人设能够满足用户的虚荣时，便更容易吸引他们的眼球，在他们心中留下深刻印象，诸如"潮流小美女""虚荣的闷骚小鲜肉"等。

人性四：窥探。

好奇、窥视，普遍存在于人性中，自媒体创作者可以利用这一点，打造窥探色彩人设，吸引用户关注，诸如"历史奇诡事件考古学家""潮流大侦探"等。

微信公众号"洪胖胖"的目标用户主要是爱美的女性，其账号人设为"花小钱拥抱美丽的精致女"，因为精准地触及了用户人性，因此产生了强大的流量吸聚效果。

首先，省钱。花小钱便能成为精致女性，几乎每个女人都希望能够花最少的钱让自己变得更漂亮。因此，"洪胖胖"成了很多女性用户心目中的"美丽池塘"。

其次，一切围绕"如何变得更年轻"展开。"洪胖胖"人设中的"精致女"概念迎合了广大女性用户的虚荣心和爱美心，这个世界上，有哪个女人不想变得更加漂亮呢？有哪个女人不想延迟衰老呢？因此，"洪胖胖"成了女性用户每天的打卡地，如图 2-7 所示。

图 2-7　"洪胖胖"发布的内容

2.5　向用户讲一个好人设故事

人一出生，便存在着两大最基本的需求：一是要吃饱喝足，二是听故事。所以生活中总是能够看到这样的景象——小孩子们总是缠着大人给他们讲故事。可见，喜欢听故事是人的天性。因此，当自媒体创作者以故事为载体向用户展示人设时，用户自然更乐于亲近、接受，在心中留下更深的印象。

2.5.1　人设故事五类型

主打本地资讯的头条号"行走在北京"，将账号人设定为"虚荣而又善良的秃顶出租车大叔"，账号头像也是一位面带狡黠之色的素描大叔。

"行走在北京"每个月都会发布一篇内容相同的故事，内容为：某著名歌星巡回演唱会一票难求，我到处炫耀自己有一张门票，乘客看到后眼里都是小星星。有一次，我拉了一个男孩，拿出了门票向男孩炫耀，将男孩送达后，我左找右找都找不到演唱会门票，感觉门票十有八九被男孩私下拿走了。于是立即返回男孩的下车地点，发现他正等在那儿，手里随风飘扬的正是那张演唱会的门票。男孩告诉我，他是一个孤儿，爸爸妈妈在一次交通事故中双双离开了他，在车上看到那张偶像演唱会门票后，便偷偷装到衣兜里。我想了想，并没有责怪那个男孩，把门票送给了他。

"行走在北京"讲的这个故事其实就是在回答"我是谁"，强化其在用户心中的"虚荣而又善良的大叔"形象。效果也非常明显，很多粉丝在和其互动时，都称其为"善良叔"或"虚荣叔"，让其圈粉无数。

具体而言，自媒体创作者可以围绕人设打造五种故事，如表2-4所示。

表 2-4　人设故事类型表

类型	内容
"我是谁"的故事	通过故事向用户解释"我是什么样的人"，强化自媒体人设在用户心中的印象，吸引用户关注
"我为何而来"的故事	通过故事向用户阐述人设背后的价值，诸如"为用户提供高效学习方法""为用户揭示历史谜题"等
"愿景"的故事	通过人设愿景故事向用户描绘未来，吸引用户眼球

续表

类型	内容
"授人以渔" 的故事	通过故事向用户讲述人设的 "方法价值"，将其塑造成传道受业解惑的问题方案提供者
"自己经历" 的故事	通过故事向用户描述创作者自身故事，提升人设丰满度
"我知道你们在想什么" 的故事	站在用户视角描绘他们的理想，通过故事为用户发声代言

了解了故事类型后，自媒体创作者便可以结合人设，寻找契合的故事，通过故事吸引用户关注，提升自媒体账号对用户的吸引力。

2.5.2　寻找故事的方法

一个好的人设故事，并非一定要轰轰烈烈，每天发生在生活中的故事，只要能够展现人设的某一方面，能够引发用户思考，便是一个好的故事来源。因此，自媒体创作者需要做好积累和收集，可总结自己身上发生的故事，也可记录别人的故事。

具体而言，自媒体创作者可以通过七种方法寻找人设故事，如表2-5所示。

表 2-5　寻找人设故事方法表

方法	内容	举例
寻找模板	自媒体创作者可以在生活中寻找可以反映人设的能够反复使用的主题，描述自己的个人经历	"我是谁" 模板，各种能够证明 "我是谁" 的小故事
寻找结果	通过回忆人设给自己带来的好或坏的结果，想想它们对自己现在行为和生活的影响	比如 "逆反青年" 人设，让自己不走寻常路，创业成功
寻找经验	回忆过去和人设相关的人生经历中的经验教训、所犯的错误，以及总结出来的 "宝典" 和 "大坑"	"小鲜肉" 人设中的酸甜苦辣，"帮人" 就是 "帮己"

续表

方法	内容	举例
寻找资源	记住自己听过或看到过的故事，思考如何将之与人设连接在一起，如何老故事新用	"孟母三迁"适度改编，可完美地佐证"孩奴"人设
寻找弱点	可以结合人设谈谈自己的缺点，讲述一个尴尬的故事，强化人设的可爱可敬之处	"正直哥"的尴尬事儿，"人际哥"碰到的软钉子
寻找回忆	找出一个让你难忘的故事，并通过延伸扩展将其和人设联系在一起	"及时雨宋江"人设，可将帮助用户的故事写出来
寻找理想	将和人设相关的理想奋斗故事记录下来，加上现实生活情况，组合成一个完整的故事	"月老"人设，让天下有情人终成眷属，讲述牵线搭桥的曲折故事

2.6 站在竞争对手视角打造人设

在移动互联大潮中，各个平台上的自媒体账号数以千万计，争相输出内容，彼此间的竞争异常激烈。基于此，创作者还应站在竞争对手视角打造自媒体人设，以此提升账号的辨识度，为其注入更强的竞争力。

2.6.1 人无我有

创作者在为自媒体账号打造人设时，假如主要竞争对手还没有人设，这个时候你只需要结合自身实际拟定一个人设即可。

头条号"小贝饿了"擅长输出优质美食内容，创作者小贝不仅视频拍摄得漂亮，而且身材姣好，容貌靓丽。当今日头条上其他美食创作者还没有人设概念时，小贝便意识到一个好人设对账号的重要性，成了第一个吃"螃蟹"的人，为自己的头条号打造了"超能吃的美女"人设。"超能吃"告诉用户她饭量很大，和其美女身份形成了强烈的反差；"美女"代表着自信，不管吃多少，从来不发胖，依旧是一个身材姣好的美女子。

围绕着"超能吃的美女"人设，"小贝饿了"发布的视频内容具有明显的"能吃"标签，再配合上靓丽的容颜和色香味俱全的美食，自然对用户产生了巨大的吸引力。

在竞争对手无人设前提下，自媒体账号人设拟定需要抓住三个要点，如图 2-8 所示。

具备较强权威性

强化用户价值预期

代表领域主流形象

图 2-8　竞争对手无人设前提下的人设拟定要点

2.6.2　人有我优

当同领域的竞争对手已经有了人设，创作者在为自媒体账号打造人设时，则需秉持"人有我优"的原则，通过提升人设辨识度，强化自媒体账号之于用户的吸引力，提升账号涨粉圈粉能力。

头条号"半吨先生"，截至 2020 年 4 月 13 号，拥有 430 万粉丝。随着美食自媒体的爆发式增长，大家都开始重视人设，将自己打造成"美女厨娘"或"探鲜小鲜肉"。为了提升人设辨识度，"半吨先生"开启升级之路，将原本的"美食侦探"人设向"烹饪大美食的胖子"转变。

相对于美食自媒体普遍使用的"美食侦探"人设，"烹饪大美食的胖子"更具辨识度：其一，"大美食"强调了其美食"大的"特点，食材都找最大的，诸如大螃蟹、大鲍鱼等，力求在形态上带给用户强烈的视觉冲击；其二，"胖子"的形象更有喜感，更贴合"半吨先生"名称，能够在用户心中留下更深刻的印象。

具体而言，人有我优的人设打造方法主要体现在三个方面，如图 2-9 所示。

提炼竞争对手人设闪光点

提升自身人设垂直性

强化人设辨识度

图 2-9　人有我优的人设打造方法

2.6.3　人优我特

其他自媒体创作者意识到人设重要性并持续优化账号人设时，假如我们的自媒体人设一成不变，时间长了，便会被同领域内的竞争对手人设覆盖。因此，在竞争对手优化人设时，你也需要提升账号人设的个性，强化账号人设的独特性和唯一性。

某百家号打造了"情感老学究"的人设，主要输出情感类文章和视频，以情动人。由于其"老学究"人设形象丰满，输出内容主题鲜明，撩人心弦，因此深得用户喜爱。

但是随着情感领域自媒体数量越来越多，人设同质化越来越严重，出现了很多"情感老同学""情感小先生""情感老学生"之类的人设，大大降低了其自媒体账号人设的辨识度。

于是秉持"人优我特"的原则，这个百家号开始强化人设的独特性，将"情感老学究"人设转型为"捍卫情感小先锋",从原来的旁观者转型为情感捍卫者,大大提升了人设的独特性,收获了良好的效果。

那么在具体操作中,如何让自媒体人设更具独特性呢?方法有三种,如图2-10所示。

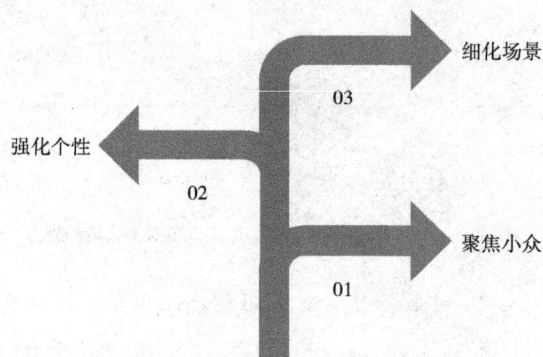

细化场景 03

强化个性 02

聚焦小众 01

图 2-10　打造独特性人设方法

3 推荐:

0 阅读量和 10 万阅读量的差别就在这里

很多自媒体创作者会想当然地认为，只要自己能够写出高品质的文章或者拍摄出优秀视频，便不会缺少粉丝，便会在短时间内成为平台大咖甚至在整个互联网上掀起一场"旋风"。其实这种认知是很片面的，能不能火起来，虽然和发布内容的品质有很大关系，但是平台推荐异常重要，没有推荐，再好的内容，用户看不到也是枉然。

3.1 没有平台推荐，全部努力归零

齐辉大学毕业后开启了创业之路，为了能够快速提升知名度，齐辉注册了百家号，开始筛选选题，积累素材，半年时间内发布了大量文章和视频。但是让齐辉非常沮丧的是，文章和视频的点击率和阅读量从来没有达到 1000 以上，其百家号关注用户数也一直没有多大的增长，半年的时间还没有突破 1000。

齐辉将每篇文章或每个视频都当作艺术品来雕琢，选题、大纲、脚本等都投入了大量精力。她觉得自己的文章有热点、有价值，视频有趣、有干货，用户看了之后不应该反应如此冷淡。

3.1.1 平台推荐的本质是流量加持

齐辉自认为有看点、有干货的文章和视频为什么缺少用户欣赏和点赞呢？很多人在回答这个问题时，会想当然地认为齐辉的文章和内容还不足够好，假如再好一些，肯定会有用户欣赏。其实，想要获得更高的人气，快速吸引用户关注，内容仅仅是一个重要基础，平台的推荐则是重要前提。

推荐的本质是平台给予自媒体账号内容的流量加持，假如没有平台推荐，自媒体创作者发布的内容仅仅只有关注你的用户可见，假如有了平台推荐，那么自媒体创作者发布的内容就可能出现在数倍、数十倍甚至数百数千倍关注用户数量的人眼前。简而言之，平台推荐等于将内容放置于一个更大的流量池子中，给予了自媒体内容更高的曝光度。

3.1.2 推荐流程

要想最大限度地提升内容的推荐量，自媒体创作者必须弄清楚内容被平台推荐的流程，熟悉平台推荐机制。

通常而言，各平台的推荐流程如图3-1所示。

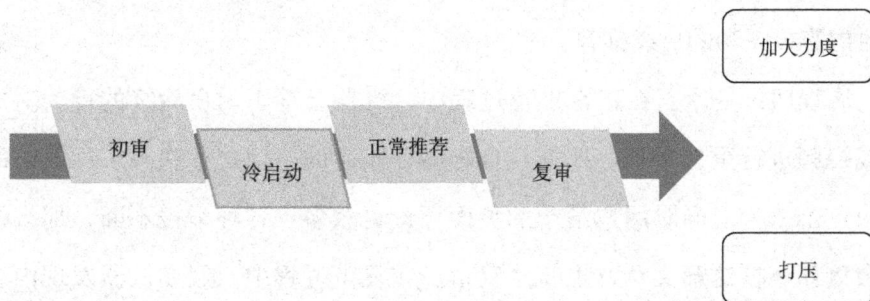

图 3-1 平台推荐流程

流程一：初审。初审的目的在于判断自媒体发布的文章、视频等内容是否违反国家的相关法律法规。在初审过程中，平台会判断优先级，将自媒体内容交给人工进行二次审核，在机器和人工的配合下快速完成内容初审。

流程二：冷启动。冷启动是推荐上的一个概念，是指一篇新发布的文章或视频，从零推荐到最初几千推荐的过程。新发布文章相对于已经发布的文章，在平台推荐量上处于劣势地位。基于此，平台会对所有新内容进行加权推荐，给予新文章或新视频几千展示机会，观察用户对新文章或新视频的点击、分享、点赞等行为。

通过分析新文章或新视频最初几千次的展示，机器便会知道哪些用户喜欢这些内容，哪些用户不喜欢这些内容。当自媒体创作者发布的内容获得足够的冷启动机会后，机器便会撤销推荐加持，之后内容就需要凭借品质获得更多推荐了。

流程三：正常推荐。在冷启动期间，假如用户对创作者发布的内容反响很好，诸如点击率高，点赞、评论、分享行为积极，那么机器便会认为这篇文章或这个视频具有火起来的潜力，便会进一步扩大推荐范围，将之推荐给更多用户，比如2万个，4万个，8万个，甚至更多。假如用户对自媒体创作者发布的内容兴趣不大，点击率很低，那么机器便会收紧推荐，减少对内容或视频的后续推荐。

流程四：复审。在正常推荐过程中，机器会基于用户后续的行为对文章或视频进行重新审核。比如，自媒体创作者的一篇文章获得了比较高的用户点击率，但同时用户给予的负面评论也较多，各种举报不断，那么机器会重新审核这篇文章，也就是复审。在复审过程中，假如机器发现内容存在标题党、低俗、抄袭、虚假等问题，便会立即停止推荐，并进行打压，甚至删除相关内容。

3.2 系统推荐四要素：连接、场景、人气、协同

"电商大咖"鬼脚七，在讲述自媒体运营秘籍时，曾经特别提到过推荐算法的重要性，他认为做好自媒体，持续的优质内容输出固然重要，但是系统推荐更重要，因为在当前主流自媒体平台普遍实行推荐算法的大背

景下，没有机器推荐，再好的内容也会被束之高阁，根本不能出现在用户眼前。

鬼脚七早期运营自媒体时，由于没有明白这一点，尽管投入了大量的时间和精力，也花费了不少资金，创作出来的电商内容也很有干货，但是让他沮丧的是，内容阅读量却少得可怜，似乎大家对内容并不认可。后来了解了推荐算法的重要性，鬼脚七开始强化电商内容标签，注重营造场景感，内容的推荐量立即大增，从此开启了爆文输出之路。

其实和鬼脚七有着相同境遇的自媒体创作者并不少，付出很多，到头来收获却很少，为什么会出现这种颗粒不收的状况呢？其实阅读量少的原因是因为推荐量少，而推荐量少则意味着自媒体内容的曝光度不足，看到的用户少。如此一来，自媒体运营便陷入了一个死循环，最终导致了投入虽多收效却微乎其微的结果。

可见，平台推荐是决定自媒体生死的关键，平台给予的推荐力度越大，自媒体内容曝光度越高，账号人气就越高；相反，平台推荐力度小，那么即使自媒体内容再惊艳，用户看不到也是枉然。

仔细分析各个平台的算法机制，我们会发现它们都包含了四个推荐特征，自媒体创作者如果能充分掌握这四个特征，他所遇到的问题就可迎刃而解。

3.2.1　特征一：连接

所谓"连接"，是指平台评估自媒体内容的属性和用户兴趣是否契合，假如自媒体内容和用户兴趣匹配，那么平台便会将自媒体内容推送到用户眼前。通常而言，平台会通过四个指标判断自媒体内容是否匹配用户兴趣，如图3-2所示。

通过比较用户阅读兴趣和主题关键词进行推荐	通过用户在一段时间内的阅读内容分类来推荐	通过梳理用户喜欢的内容来源来推荐相关内容	根据用户阅读内容的主题相似性进行推荐
关键词匹配	分类匹配	来源匹配	主题匹配

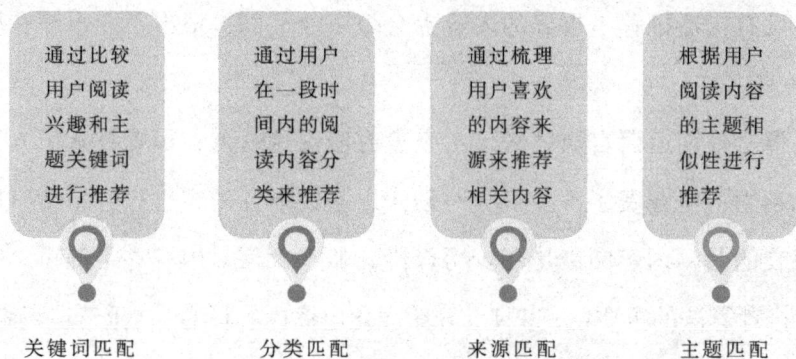

图 3-2　连接性特征的四大匹配指标

根据这四大指标，一个定位野外美食优质内容输出的自媒体创作者便可以对自己的内容进行以下调整：

第一步，强化关键词。既然定位是野外美食，那根据关键词匹配指标，其自媒体输出内容标题文字一定要带上"野外美食""意外""美食"这三个关键词。这样，输出的内容才会被推荐到对古风和野外美食类内容感兴趣的用户眼前。

第二步，强化垂直度。发布内容时要把内容发布到美食频道中，因为用户看到的美食推荐类内容都是来源于美食频道，发布到正确的频道被推荐的概率才更大。

第三步，突出地点。野外美食制作地点肯定是不确定的，所以在加入关键词时，要把地点关键词表现出来。比如，柳州螺蛳粉，那就要把柳州螺蛳粉"广西柳州"地点标志出来。因来源匹配的关键一点就是会对于拥有相同地理信息的用户，推荐与之相匹配的城市的热门文章。

第四步，明确主题。既然是野外美食，在确定主题时就一定要把"野外美食"体现出来，而不是单单的"美食"。此外，美食的种类有很多种，比如海鲜、火锅什么的，用户也会根据自己的喜好浏览相关的主题，比如你发布的是海鲜类美食，那就要在标题或内容关键词中把"海鲜"主题体现出来。

3.2.2　特征二：场景

场景是指自媒体内容涉及的地点和时间点，也就是我们经常说的"环境"。地点很容易理解，就是内容涉及了哪些地方，诸如咖啡厅、饭局，或者北京、上海；时间点则需要从用户的阅读时间去理解，通常而言，用户阅读自媒体内容的高峰是每天的早、中、晚以及节假日。

因此，自媒体创作者发布的文章、视频等内容要结合用户阅读的高峰时间点进行发布。但是需要注意，不同定位的自媒体，用户阅读的时间点是不同的。比如，野外美食类，用户阅读的高峰时间一般不会出现在早上和中午，因为大多数用户喜欢跟着文章或视频做美食，通常喜欢在晚上、周末或节假日阅读。

3.2.3　特征三：人气

各个平台算法会根据创作者发布的内容信息人气给予推荐，这个人气推荐特征在自媒体运营初始阶段进行用户冷启动时是非常有效的。那么，自媒体创作者应该如何利用这一热度特征为自己增加推荐量呢？可以从两个方面入手。

（1）从事件人气入手。在创作内容时，自媒体创作者可以想一下当前用户关注度较高的事件是什么，比如东京奥运会，这个时候便可结合奥运会主题，策划奥运美食。

（2）从关键词人气入手。自媒体创作者可以搜集当天或近三天人气较高的关键词，将其融入野外美食中，提升内容被算法抓取的概率。

3.2.4　特征四：协同

协同是指平台算法通过分析不同用户间的相似性，比如点击相似、兴趣分类相似、主题相似、兴趣词相似来为用户做相关推荐。针对这一特征，自媒体创作者在策划内容时就要注意一点，就是每条内容面向的用户群体是否足够大。比如，主题相似，如果关注该主题的用户量小，即使内容被成功推荐，那么得到的点击量也不会很高，因为这就是受众体量的问题。

3.3 全面认证，提升账号可信度和权威性

如果说自媒体账号是虚拟的，那么认证就是将其由虚转实的过程。经过认证的自媒体，在平台上看得到，摸得着，真实可信，有权威，这样的自媒体账号自然更易于获得用户信任，也更容易获得平台鼎力支持，给予更多的推荐。

3.3.1 认证越全面，账号越可信

自媒体账号在用户眼中越可信，用户点击阅读相关内容的意愿就越强烈，自媒体对平台的价值就越大，平台资源就会倾向自媒体账号，给予更大的推荐量。

小米公司高管卢伟冰一直是小米产品的自媒体营销大将，特别是在新品发布前，其总能在网络上营造出舆论热点，借此提升自家产品的曝光度。

卢伟冰在微博、今日头条等平台都开设有自己的账号，且能持续输出内容。卢伟冰的自媒体账号认证非常全面，特别是其职业身份认证——小米集团副总裁兼红米 Redmi 品牌总经理，让其账号更真实、更可信、更有权威性和价值。因此，其账号不仅关注者众多，且发布内容会被平台重点推

荐，出现在更多米粉和关注电子产品的用户眼前。

可见，自媒体账号认证越全面，在平台和用户眼中就越真实可信，所能获得的推荐量便越大，内容曝光度就越高。

具体而言，认证可以从三个方面放大自媒体账号的可信度和权威性，如表 3-1 所示。

表 3-1　认证放大自媒体账号可信度分析表

方面	内容	举例
固定身份	平台对自媒体创作者在现实中的真实身份进行认证，将自媒体账号现实化	自媒体创作者上传身份证照片，对自己发布的内容负责
明确职业	平台对自媒体创作者在现实中的职业进行认证，固定创作者的身份、社会地位	比如创作者为"某三甲医院医生"，那么他所发布的涉医内容在用户眼中便更具权威性
强化兴趣	兴趣认证是平台对自媒体创作者内容垂直度的认定，目的在于提升创作者内容品质，强化内容的专业性	比如"本地资讯创作者""优质旅游内容创作者""优质历史内容创作者"等

可见，自媒体创作者在平台上的认证越全面，自媒体账号人设就越真实可信，内容在用户眼中就越有权威性，所获平台推荐量就越大。

3.3.2　认证流程

既然认证能够显著提升自媒体账号的权重，那么自媒体创造者需要从哪些方面认证，又如何进行认证呢？

通常而言，不管哪个平台，自媒体创作者都可以进行四个方面的认证，如图 3-3 所示。

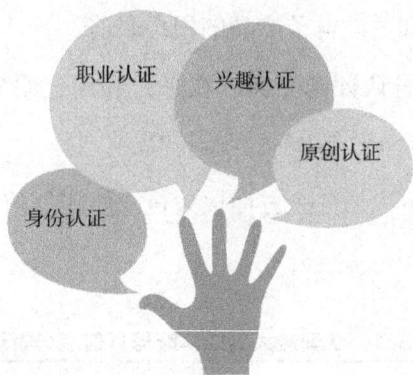

图 3-3　自媒体创作者可进行平台认证

各个平台认证种类较多，以头条号实名认证为例，其认证流程如下。

步骤一：点击今日头条 APP，进入首页后，点击右下角"我的"按钮，即可进入头条号主页。

步骤二：进入头条号主页后，创作者可以看到名称的右边有"申请认证"按钮，点击"申请认证"按钮。

步骤三：执行操作后，进入"头条认证"页，可以看到头条号名称右方有"身份未校验"按钮。点击"身份未校验"按钮，进入身份校验页面，按照要求拍摄有效二代身份证的正反面，勾选"我已阅读并同意今日头条服务条款"，点击"提交认证"按钮。

步骤四：点击"提交认证"按钮后，会进入一个"身份确认"页面，提交确认真实姓名和身份证号，如果有错误可手动修改，如果无错误则可直接点击下方"确定"按钮。

步骤五：点击"确认"按钮，进入"人脸检测"页面，开始检测人脸，点击下方"开始认证"，按照提示完成人脸检测。

步骤六：人脸检测完成后，系统会提示认证成功，点击"确定"按钮即完成了头条号的实名认证。

3.4 保证平台首发更易获得系统青睐

每个自媒体平台都希望获得优质文章、视频的首发权，强化自身原创阵地标签，营造百花齐鸣的内容创作氛围。自媒体创作者看重平台，选择在平台上首发，作为回馈，平台会给予自媒体创作者全网首发的文章或视频更高的推荐量，提升其曝光概率。

因此，自媒体创作者想要最大限度地提升文章或视频的推荐量，必须保障其在该平台上的首发。

3.4.1 内容在平台上首先发布

这种首发情况很好理解，即自媒体创作者将原创文章或视频首先发布在平台上，将平台作为文章或视频的全网唯一展示阵地。这样一来，自媒体创作者和平台之间也就建立了"一对一"的内容发布机制，实现了双赢——创作者将平台视为唯一发声门户，而平台则将创作者视为优质内容贡献点，给予更多的推荐量和曝光度，提升其爆文产出率。

"一眼星球在越南"将今日头条作为内容首发阵地，各类内容首先会发布在头条号上，因为依托今日头条庞大的用户基数，更易于迅速聚集人气，打造出个人IP。"一眼星球在越南"也因此获得了众多头条号"原创首发"功能优先体验邀请，具备了更多特权，具体如下：

（1）系统优先推荐。"一眼星球在越南"发布的文章和视频内容，会在第一时间被机器算法推荐到感兴趣的用户眼前，且首次推荐量非常大，覆盖用户范围更广泛，更易于成为爆文。

（2）流量分成提升。相对于为参与"原创首发"测试，"一眼星球在越南"每篇文章或每个视频能够获得更多的平台分成，变现能力更强。

（3）优先体验高级功能，诸如"正文插入外链"等。

（4）进入"青云计划"候选池。"一眼星球在越南"进入"青云计划"候选池后，有机会获得丰厚的奖金和入选精选频道等奖励。

（5）优先获得"千人万元"等签约机会。

（6）优质创作者服务包中的商业变现扶持、个人品牌打造、一对一服务等权益。

可见，将平台作为内容的唯一首发阵地，不断输出优质原创内容，为平台做出的贡献越大，平台给予的推荐力度也越强，内容成为爆款的概率就越大。更重要的是，自媒体创作者还能获得更多权益，提升变现能力。

3.4.2 多平台同时段发布

自媒体创作者除了可以在某一平台首先发布并将之视为唯一发布阵地外，还可采取"多平台同时段发布"的策略，在保证主要平台首发的同时，利用多平台矩阵最大限度地提升内容的曝光度，提高知识变现收益。

简而言之，自媒体创作者可以将一篇文章或者拍摄的视频同时发布在头条号、百家号、企业号、大鱼号等不同的平台上，因为发布时间相同或相近，全网没有类似内容，发布内容通常都会被平台认定为"首发"。

比例，李子柒、办公室小野、野食小哥、十点读书、一条等自媒体大咖，他们的文章、视频内容都是通过多平台同时段发布的。

自媒体创作者在每个平台发布内容可以是逐一点击各个平台，依次在各个平台上发布文章或视频，只要发布的间隔时间不要太长，即可视为同时段，保证内容被各个平台认定为首发内容。比如，一分钟内，二分钟内，三分钟内，等等。

除了手动逐一点击平台发布内容外，自媒体创作者还可以利用工具完成内容在各个平台上同一时间定时发布。当前，多平台同步内容发布工具较多，主流的工具如图3-4所示。

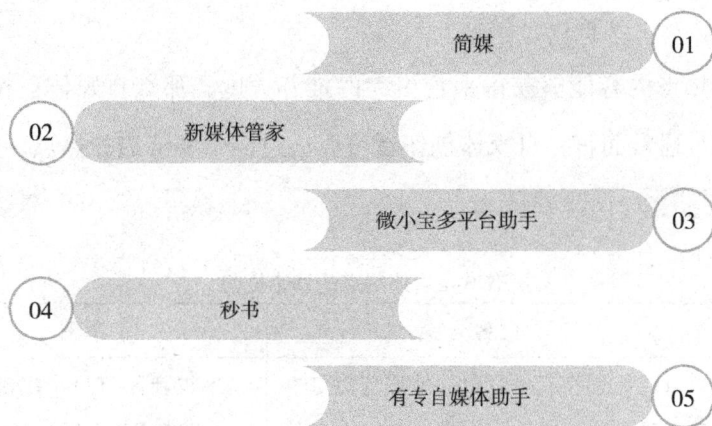

简媒   01

02   新媒体管家

微小宝多平台助手   03

04   秒书

有专自媒体助手   05

图3-4   主流多平台内容同步工具

3.5   紧跟热点上头条

推荐的首要考察点是热度，是人气，什么内容热度高，看点足，平台就会优先推荐什么，给予更多的流量扶持。因此，自媒体创作者应该紧跟热点，才能快速登上平台头条，打响自身知名度。

3.5.1   追热点的四种姿势

虽然仅仅开号半年，"了不起的号角"的百家号却做得风生水起，其发布的视频十有八九都能被平台推荐到首页，获得10万以上点击率对"了不起的号角"的视频而言堪称家常便饭。

为什么"了不起的号角"能够获得百度的强力推荐呢？除了其视频有干货之外，和其紧跟热点的视频拍摄策略有很大关系。"了不起的号角"创作者知道人都有从众心理，而热点事件更是众人瞩目，自带流量，有了人气，平台自然会关注你，加大推荐力度。比如，其在新冠肺炎疫情期间拍摄的"口罩抢购指南""电梯非接触乘坐秘籍"系列短视频，都获得了平台大力推荐，登上了首页，赚足了人气。

　　既然热点内容能够获得平台更大的推荐力度，那么自媒体创作者如何追热点呢？通常而言，自媒体创作者可以通过四个姿势追踪热点，如表3-2所示。

表 3-2　追热点的四个姿势

姿势	内容	举例
展示事件	自媒体创作者可以单纯地报道热点事件，只要速度快，便能借助热点自身的强大流量提升自身人气，获得平台更大的推荐量	央视新闻节目中出现了猫叫声，迅速成为全国人民关注的热点，某百家号第一时间跟进，发布会获得 10 万推荐
解析事件	还原热点事件的来龙去脉，利用互联网整合资料，深挖热点事件产生的原因，为用户提供茶余饭后谈资	严肃的央视新闻怎么就出现猫叫声呢？原来是流浪猫进了直播间，为严肃的新闻添加了一份温馨的味道
评论事件	自媒体创作者可针对热点事件进行评论，给出自己的观点，抒发自己的情绪，抓住痛点，挑动用户情感之弦	央视新闻中出现猫叫声，不仅没有破坏新闻的严肃性，而且体现了央视的博爱精神，值得称赞，更希望在今后的新闻直播中听到更多小动物的叫声
延伸事件	自媒体创作者还在热点事件基础上进行了延伸性、拓展性的报道，诸如介绍热点事件人物生平事件，分析热点事件的影响，等等	央视主持人同猫之间的温馨故事，央视"主持猫"的最初使命，走进过央视大门的小动物们

3.5.2 标题蹭热度

紧跟热点上头条，自媒体创作者不仅要让内容正文紧跟热点事件，而且标题上也需要"抱大腿"，将热词、名人、权威等融入标题中，借助他们的流量效应吸引用户眼球，提升用户的点击量，最终引起机器关注，获得更多推荐。

头条号"一只汤圆爱汤姆"，专注于美食领域创作。为了最大限度地提升内容的推荐量，"一只汤圆爱汤姆"很重视在标题中蹭热点，提升自身被机器识别的速度。比如，其在 2020 年 3 月 1 日发布的一篇名为《舌尖上的历史——古代下一顿馆子究竟多少钱》的文章，标题便蹭了"舌尖上的中国"这一美食热点，获得了平台 10 万+推荐，如图 3-5 所示。

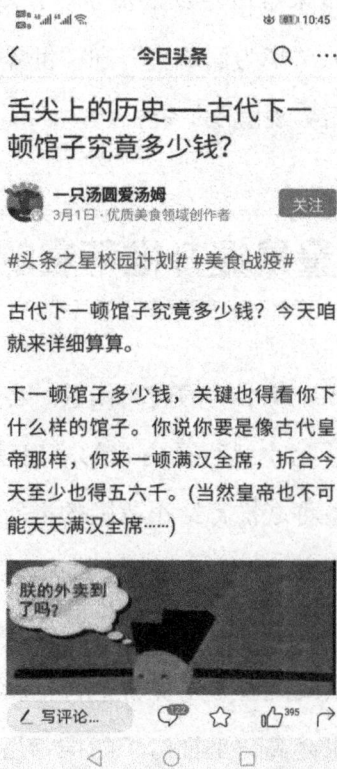

图 3-5　"一只汤圆爱汤姆"发布的高推荐文章

（1）蹭热点话题。当前各个行业内的热点话题是什么？找到这些热点，结合文章想要表达的主题，拟定成标题，便会产生惊艳感。比如，《我都把车开上了高速，你告诉我必须带够20万？》这个标题便蹭了2019年"衡阳20万天价拖车费"热点，带上20万才敢上高速，夸张之于，也大大"惊艳"了用户。

（2）蹭热度人物。热度人物一言一行都会吸引人们的眼球，因此标题中融入热度人物的言论、行为习惯等，都更让用户产生惊艳感。比如，《连马云都忍不住点赞的淘宝店运营秘籍》《雷军最失败的项目是什么？》，对用户往往更具吸引力。

（3）蹭权威头衔。巧妙地套用权威头衔，往往能够第一时间抓住用户的眼球，为文章或视频带来难以想象的流量。比如，《华为面试官：世界五百强喜欢怎样的新人》，"华为面试官"和"世界五百强"便是很好的权威头衔，能够在第一时间激发用户的关注兴趣。

3.6　阅读量是提升推荐量的主推火箭

高推荐量的背后是冷启动期间的高阅读量。自媒体在平台发布内容到获得平台算法大力推荐，这个过程是内容的冷启动时期，在这一时期内，平台会首先根据内容标签将之推荐给小范围的可能对之感兴趣的人，假如推荐后内容的阅读量非常高，那么平台便会将内容放置于更大的流量池内，使之出现在更多用户眼前。

因此，内容的阅读量或观看量是提升平台推荐量的主推火箭。冷启动期间，内容获得的阅读量越高，平推给予的推荐量就越高；反之，冷启动期间，内容所获阅读量越低，其所能获得的平台推荐便越少，直至趋为零。

既然阅读量对提升内容的推荐量有着如此重要的作用，那么自媒体创作者如何才能提升内容的阅读量呢？具体而言，自媒体创作者可以通过三个方面的努力提升内容的阅读量。

3.6.1 结合用户需求策划选题

自媒体创作者在生产内容时，不能想写什么就写什么，想拍摄什么就拍摄什么，而要结合用户需求，针对用户的期望生产内容。要知道，自媒体内容的消费者是用户，因此，契合他们需求的内容才会吸引他们的眼球，刺激他们点击阅读或观看。

头条号"老李拍北京"，是一个不折不扣的自媒体新人，他从2020年1月才开始在今日头条上输出内容，打造个人IP，但他同时又是一个不折不扣的自媒体"老人"，所发文章的阅读量从最初的几百到现在篇篇过万甚至超过10万，平台推荐力度也日益增强，将他的文章和视频推荐到更多用户眼前。

为什么"老李拍北京"的文章和视频能够获得如此之高的推荐量呢？"老李拍北京"的创作者拥有丰富写作经验和敏锐的自媒体运营嗅觉，深知阅读量是提升平台推荐量的重要因素，而没有推荐量，再好的文章也难见天。如何提升阅读量呢？"老李拍北京"的方法很简单，就是结合用户需求策划选题，用户喜欢什么他就写什么文章，发什么视频。

首先，结合热点预测用户需求。"老李拍北京"推送的内容在选题上都非常贴合热点，比如其发布的《病毒作恶，工厂停工，门店停业，公司停摆，北漂大叔说到泪点了》《湖北籍朋友返京后，遭遇哪些经历，保安大哥终于说出了实情》等视频和文章，在选题上抓住了新冠肺炎疫情带来的影响，抓住了用户的阅读需求，自然对用户产生更大的吸引力。

其次，在标题中强化人性吸引力。"老李拍北京"推送的文章和视频，主题往往能抓住人性，在第一时间锁定用户眼球。比如，《看一眼你的办公桌，就能看出你的人品，这个秘密领导绝对不会告诉你》这篇文章便采用了三段式标题法，陈述事实，抛出引子，设置悬念，大大刺激了用户的好奇心和窥探欲，激发了用户强烈的阅读兴趣。

最后，提升内容品质。内容品质是提升用户阅读量的根本，"老李拍北京"发布的文章和视频，内容有趣、有料、有价值，总会有一款是用户所喜欢的。

自媒体创作者可以通过三种方法收集用户需求，如图3-6所示。

后台数据分析　　　　　　有奖征集　　　　　　领域热点选取

图3-6　收集用户需求方法

3.6.2　做好标题和封面

好看的标题和封面之于文章或视频就犹如美丽的外表之于人，俊男美女总是会在第一时间牢牢吸引人的眼球，而好看的标题和封面也能让用户在看第一眼的时候便被深深地吸引住，继而产生强烈的阅读和观看意愿。

微信公众号"新世相"发布的一篇名为"这女孩的32个发问，让男人们集体沉默了"的文章，封面便非常有吸引力。"这女孩的32个发问，让男人们集体沉默了"，封面以女孩卡通像为中轴线，左边是爸爸、妈妈和弟弟的头像，右边是异性朋友和同性朋友的头像，清晰地展示了一个女孩身边的关系图谱，大大激发了用户的好奇心和探索欲望，如图3-7所示。

图 3-7 "新世相"发布文章的封面

因此，想要提升内容阅读量，自媒体创作者需要做好标题和封面。一般而言，自媒体创作者可以从三个方面提升标题和封面的吸引力，如图3-8所示。

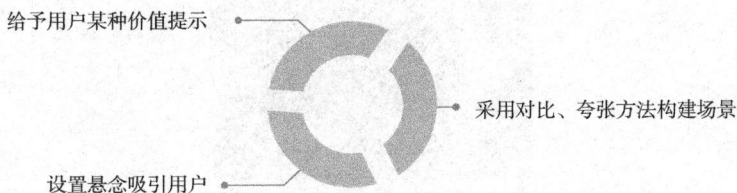

给予用户某种价值提示

采用对比、夸张方法构建场景

设置悬念吸引用户

图 3-8 提升标题和封面吸引力的方法

3.6.3 提升内容吸引力

有颜值，还需要有内涵，优质的内容才是吸引用户阅读的关键。自媒体创作者需要提升内容吸引力，才能从根本上锚定用户。

头条号"卖小登"，截至2020年4月13号，拥有粉丝125万，每发布一条视频，几乎都能获得10万+观看量。为什么"卖小登"能够获得如此多的观看量呢？一个最主要的原因在于能够持续输出优质内容。

"麦小登"为了照顾生病的父亲而从城市回到农村老家，用视频真实记录自己和父亲的生活，为粉丝呈现了多彩的农村生活风貌和血浓于水的父女亲情故事。正是这种持续的优质内容输出，深深地吸引了用户，将他们变成了"麦小登"的铁粉，如图3-9所示。

图3-9　"麦小登"发布的优质视频

自媒体创作者可以从三个方面提升内容的吸引力，如图3-10所示。

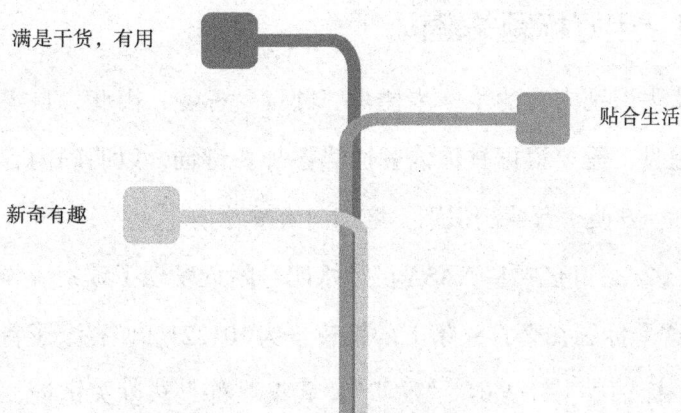

图 3-10 提升内容吸引力的方法

3.7 用好关键词轻松搞定算法

当前，主流自媒体平台的推荐算法都是先给内容贴上标签，之后再将其推荐给对该标签表现出兴趣的用户。因此，内容的标签便成了平台算法识别内容的身份证，内容标签性越明显，平台识别起来就越容易，给予的推荐量也更多。而内容的标签则主要是通过关键词彰显的，因此，用好关键词，自媒体创作者便能轻松搞定平台算法。

比如，《只有土地的穷人》，这篇文章标题中便没有代表性的关键词，机器"看到"后往往不能在第一时间搞明白这是一篇什么领域的文章，自然也不会有明确的推荐对象，内容便会被打入"冷宫"。假如将这篇文章的标题换为《捧着金饭碗要饭的珠海中富：穷得只剩下价值20亿的土地了》，标题中出现了明显的关键词"珠海"和"中富"，且利用"捧着金饭碗要饭"和"穷得只剩下价值20亿的土地"形成了反差强烈的对比，所获得的推荐量必然成倍增加。

3.7.1　用好标题关键词

平台算法识别内容的第一步便是"阅读"标题，因此，自媒体创作者在拟定标题时，需要根据具体内容适当添加关键词，以明确内容领域，强化内容价值，方便平台算法识别，增加内容推荐量。

比如，《2180万亿吨！NASA在嫦娥四号附近发现了致密异物，比武汉大6倍》，这个标题在今日头条上的推荐量为10122160，登上了首页，成了爆文。这个标题中，"NASN""嫦娥""武汉"都是热度关键词，使得算法在第一时间便将其识别出来，给予大力推荐。

通常而言，标题中的关键词主要有三类，如表3-3所示。

表 3-3　标题关键词种类表

种类	内容	举例
领域关键词	将文章或视频的所属领域或行业清晰地标识出来，让内容更具垂直性和专业性	农村、教育、写作、历史、北京、航空等
热点关键词	生活、工作、社会等热点事件词或网络热词	新冠病毒、种草、带货
价值关键词	体现内容价值或卖点的关键词	PPT干货、自媒体运营

3.7.2　强化文内关键词

自媒体创作者除了要用好标题关键词外，还需要强化内容关键词。在通常情况下，文中出现的高频词，都会被平台算法识别为关键词，增加推荐量。

文内的关键词以名词居多，自媒体创作者可以通过重复强化其地位，便于平台算法识别。比如，你想要写一篇足球比赛的文章，那么在文内你可重复全员名字（罗纳尔多）、足球术语（射门）或者技巧（帽子戏法）等。

这样一来，你的这篇文章便会被平台算法打上"足球""国际"等标签，继而将之从众多类似内容中识别出来，给予更多的推荐量。

强化文内关键词方法，如图3-11所示。

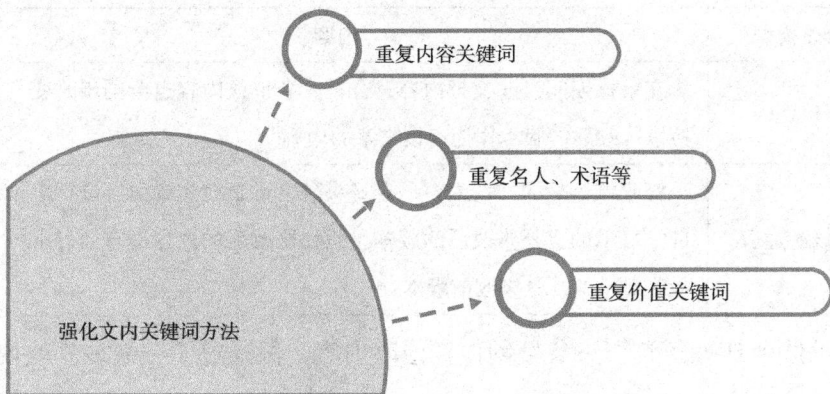

图3-11　强化文内关键词的方法

3.7.3　一步到位避免反复修改

自媒体创作者想要获得平台给予的更大推荐量，还需要确保内容能一步到位，避免发布后反复修改。因为发布后反复修改，一方面会给予算法"内容有问题"的"印象"，另一方面也会中断算法的推荐流程，在两方面原因作用下，平台给予内容的推荐量自然也就非常小。

因此，在发布前，自媒体创作者要检查检查再检查，确保内容一步到位。当然，一次两次的修改对推荐量的影响并不大，频繁修改才是影响内容推荐量的罪魁祸首。

以今日头条为例，内容想要快速通过今日头条审核，获得平台强力推荐，除了要遵守今日头条的相应规则外，在内容上也需要一锤定音，尽量减少修改次数。和其他平台发布后不能修改不同，今日头条上的内容发布后14天内是允许头条号创作者修改的。这种设置虽然大大提升了头条号创作者发布内容的精准性，但是假如头条号创作者在内容审核期间反复修改，便会大大降低内容所能获得的推荐量。

通常而言，头条号创造者对文章的修改可以分为两类，如表3-4所示。

表3-4　头条号文章内容修改类型

修改类型	内容
审核期间	在审核期间修改文章内容，今日头条审核内容也会同步改变，直接以修改后的版本作为审核文章的内容
审核通过后	修改审核后的文章内容，今日头条会重新对文章内容进行审核，最终显示的也是修改后的版本。假如修改后的内容没有通过审核，最终显示的则是修改前版本

虽然今日头条允许头条号创作者修改内容，但是过于频繁地修改内容却会大大影响文章的审核通过率和系统推荐量。因为反复修改的文章往往会被系统判定为"存在不合规风险"，审核会更为严格，假如被判定恶意修改，头条号还会因此受到今日头条的严厉处罚。

4 权重：

强化关键价值点提升账号曝光度

对自媒体创作者而言，一谈起权重，很多人都会一脸迷茫，不知道它是什么，有何作用。其实自媒体账号权重是一个较为专业的名词，且很多平台都没有专门的解释，但有经验的自媒体创作者都能清晰地感知到权重的存在。一言以蔽之，账号权重越高，其所获推荐的概率就越大，曝光度也越高。

4.1 权重就是账号在平台心中的"筹码"

所谓"权重"，我们可以将之拆分理解，"权"是权利，"重"则为分量。自媒体账号的权重是指账号在平台上能够得到的权利和分量，通俗地讲，自媒体权重就是账号在平台心中的"筹码"。

比如，百家号的权重我们可以从几个方面直观地感受到：能否参与百家计划？能否用写作双标题？能否自荐？能否使用原创标签？

4.1.1 高权重账号优势

为什么很多自媒体运营达人总是绞尽脑汁想方设法提升账号的权重呢？其实答案很简单，账号权重越高，能够从平台获得的资源就越多。

头条号"创始人"，专注于历史领域创作，其内容有趣、有用、有深度，因而深得用户喜爱。

由于"创始人"能够持续输出优质历史内容，为平台百花齐放做出了巨大贡献，因此其在平台给予的权重越来越高。而高权重又为"创始人"的内容带来了高推荐量——每条发布内容都能获得平台力推，成为首页常客。因此，关注"创始人"的用户越来越多。

具体而言，相对于普通账号，高权重账号能够从平台获得三项特权，如

表4-1所示。

表 4-1 高权重自媒体账号特权

享受特权	具体内容
获得更多推荐	权重高的账号意味着对平台价值大，平台会给予其更高推荐量。如此一来，高权重账号首次被推荐力度大，内容曝光度超高，导致各项数据如同滚雪球般越滚越大，因此更容易出爆文
分红单价高	高权重自媒体账号能够从平台获得更高的分红单价，如此一来，相对于普通账号，高权重账号的文章或视频更值钱，收益更多
获得的测试机会多	每个平台都会基于发展需要推出新功能和各种激励计划，在此之前都会先在内部进行测试，账号权重越高，就越容易获得测试机会，获得更优质的服务和更高的收益

4.1.2 平台眼中的账号权重等级

虽然各个平台设定的权重要素有所差异，但是大体上都根据权重的高低将自媒体账号分为四个等级，如表4-2所示。

表 4-2 自媒体账号权重等级

名称	权重	内容
僵尸号	0	自媒体账号在某段时间内发布的作品非常少，甚至零发布，没有多大活性，对平台价值微乎其微。僵尸号由于获得不了平台推荐，因此所发内容用户看不到，对创作者而言没有任何价值
初级号	低	自媒体账号在某段时间内发布的作品数量较少，且作品内容质量不太高，通常会被平台认定为初级号。初级号很容易降级为僵尸号，因此自媒体创作者必须持续输出更高质量的原创作品

续表

名称	权重	内容
待推荐号	较高	自媒体账号在某段时间内发布的作品数量较多，且内容质量较高，便会被平台认定为待推荐号，将账号放置于一个待推荐的流量池中。这个时候，自媒体创作者应抓紧创作高质量的垂直领域作品，还可通过评论、点赞、转发等行为，刺激系统将账号推荐到一个更大的流量池中
待上热门号	非常高	自媒体账号在某段时间内发布的作品非常多，且品质都很高，其便会被平台认定为待上热门号。这个时候，自媒体创作者需要趁热打铁，多发布作品，多参与平台活动，蹭热点，吸引平台更多关注，力争被平台推荐到更大的流量池中，成为热门号

4.2　做个遵规守纪的"好青年"

正所谓"无规矩不成方圆"，任何一个组织、团体想要平稳地发展下去，想要获得更强的凝聚力和发展力，都需要规矩保驾护航。自媒体平台自然也不例外，为了保证平台的平稳发展，促进平台内容创作百花齐放，各个平台都制订了相应规则。

曾经红极一时的咪蒙，其公众号注销的信息一经披露，便刷爆了朋友圈。咪蒙之所以由万人敬仰的高峰瞬间跌落千夫所指的深谷，最主要的一个原因便是其违反了约定俗成的规则，肆无忌惮地挑战社会主流价值观和道德底线。

可见，不守规矩，便没有权重，甚至还会因违规而被平台清理。

4.2.1　权重依附于规则

平台制订规则和给予自媒体账号权重的目的是一致的，都是为了维护平台的稳定，促进平台的健康发展。但这并非意味着权重和规则在地位上是同等的，有同样的分量，本质上，权重是依附于规则而存在的，没有规则，就没有权重。

具体而言，权重对规则的依附性主要体现在两个方面，如图4-1所示。

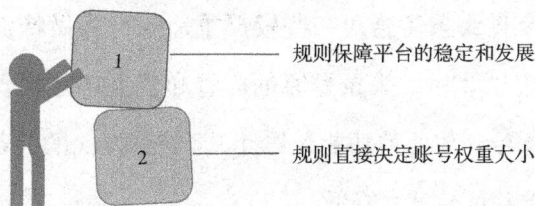

图4-1　权重依附于规则的两个表现

4.2.2　需要遵守的七大普遍规则

为了保障平台的健康发展，各平台会定期清理违规账号，降低大批账号权重。比如，今日头条每隔一段时间便会清理违规账号，对于那些靠低俗标题和内容吸引用户的账号，轻者降低权重，重者注销账号。

以今日头条为例，其内容审核机制如表4-3所示。

表4-3　今日头条文章审核机制

违规行为	惩罚
发布和事实不符的各类消息	扣 10 分
发布广告或其他营销推广信息	扣 10 分
标题夸张夸大	扣 10 分
非规范稿源发布泛时政内容	扣 20 分
发布色情、低俗等内容	扣 20 分
文章确认抄袭	扣 40 分
发布反动等违法内容	扣 50 分

违反相应规则，头条号会被扣除一定的分值，今日头条会根据头条号

每天被扣分值给予其相应的惩罚，具体分为以下几种：

每扣10分，当天禁止发文；

被扣50分，关闭头条号广告和自营广告权限；

被扣100分，封禁账号，且不可恢复。

除此之外，今日头条还会对一些较严重违规行为做特别处罚，诸如当头条号内容被判定抄袭后，头条号原创标签和赞赏功能将会被收回，且今后不会再对该头条号开放此类功能；累计3天被禁发文的头条号，头条号权重降低，其内容推荐量会大大降低。

可见，遵守平台规则是提高账号权重的最基本操作。尽管各个平台出于自身发展战略和运营计划制订的规则不尽相同，但是仔细对比，有六项规则是通用的，不管在哪个平台上都需要自媒体创作者遵守，如表4-4所示。

表4-4　自媒体创作者需要遵守的七大普遍性规则

规则	内容
国家法律法规	国家制定的法律法规是红线，自媒体创作者绝对不能碰触，否则不仅账号会被注销，还会承担法律责任
不能涉及政治、宗教等敏感信息	自媒体发布的文章、视频等内容不能包含政治、宗教等敏感信息，轻者不能通过审核，降低权重，重者封号
不发布黄、赌、毒内容	包含黄赌毒信息的内容是各平台严厉打击的对象，一经发现，除了降低账号权重外，还会给予封号处理
不发布低俗内容	低俗的内容虽然能够短时间内聚集人气，但是因为和社会主流价值观抵触，因此一经发现，平台会降低账号权重
不发布带有明显营销信息的内容	内容中包含明显营销信息，诸如直接做广告，发布个人微信号、电话号码等联系方式，会被平台降低账号权重
不能文不对题	文不对题，故意夸大标题吸引用户点击，但是内容却桃代李僵，平台发现后会降低账号权重
不抄袭	为了保证平台健康发展，保证创作者权益，各平台对内容抄袭者秉持零容忍原则，发现后会降低账号权重甚至封号

4.3 原创，原创，原创，重要的事情说三遍

不管哪个平台，原创都是衡量自媒体账号权重的重要标准。通常而言，自媒体内容原创度越高，意味着其对平台的价值也越高，平台自然会给予自媒体账号更高的权重。试想一下，假如粘贴复制便能获得曝光率，那么谁还会花心思创作优质的文章和内容？因此，为了平台健康发展，原创是平台对自媒体人的最基本要求。

4.3.1 搜集素材

持续输出原创内容，必然需要丰富素材的支持——原创并非无中生有，而是在已有素材基础上的升华。因此，自媒体创作者在原创之前必须要储备丰富的素材。

"十点读书"自2005年入驻今日头条后，截至2020年3月11日，其粉丝数量已经达到了241万。之所以能够取得如此优秀的成绩，是因为"十点读书"能够始终坚持原创，特别是在当前同质化内容泛滥的大背景下，"十点读书"发布的原创优质内容成了今日头条的宝贵内容输出。原创离不开素材，为了掌握更多优质素材，"十点读书"重点挖掘传统文化和历史宝藏，分门别类后进行升华，为用户的精神生活提供了源源不断的食粮。

为了确保素材的实用性，自媒体创作者在搜集素材时需要秉持三项原则，如表4-5所示。

表 4-5 素材搜集原则表

原则	内容
有方向	自媒体定位在什么领域，聚焦哪一垂直行业，就需要在哪一领域或行业内搜集素材。所搜集的素材要专业，要能体现领域或行业内的潮流和最新成果
有价值	在搜集素材的时候，要带着目的去搜集，找到的素材才有用。比如，要拍摄一个素质教育主题的视频，在搜集素材的时候就需要围绕"素质教育"取材
有条理	搜集到的素材要分门别类，条理清晰，用起来才方便准确

具体而言，创作者可以分三步搜集素材：

步骤一：建立素材文件夹。针对文章的标题、内容、图片等，分门别类，创建独立的文件夹，方便用时提取。

步骤二：定向搜索关键词。在今日头条、百度、搜狗、微信等搜索引擎中输入想要寻找的素材关键词，诸如"素质教育""运营技巧""头条算法"等。

步骤三：整理素材。搜索到相应素材后，需要将之分门别类，保存在相应目录或类别下。这个时候就需要用到一些工具，诸如印象笔记，能够随时随地记录文字，更具备浏览器剪藏功能，能够保存网页图片类型的文件，支持微信、微博、知乎等众多优质平台的内容分享导入。当然，也可以采用手写的方法摘抄素材。

4.3.2 定框架

框架是文章内容的骨架，框架搭建好了，内容才更有条理，在用户眼里才更有层次感。因此，自媒体创作者要充分重视内容框架的搭建，力求为用户呈现一个最美的内容结构。

头条号"小敏 yummy"发布的文章框架感都非常强，能够让用户在第一时间便抓住内容要点。比如，其发布的一篇名为《〈平凡的世界〉：孙少平遇外星人成最大败笔？浅析路遥超越性精神》的文章，框架便非常明显，如图4-2所示。

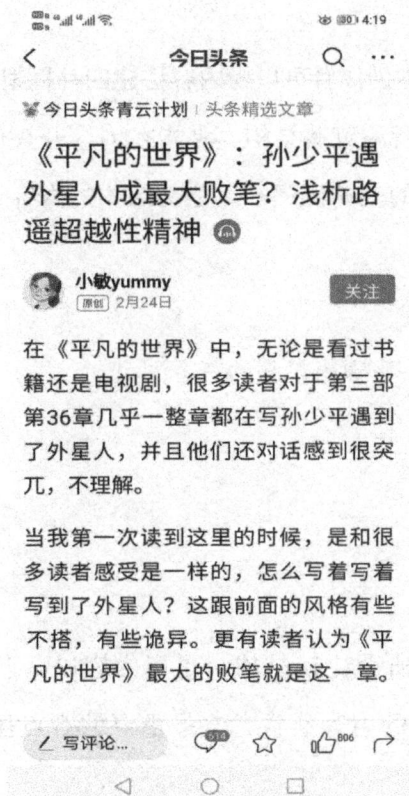

图4-2 "小敏yummy"发布框架性文章

具体而言，《〈平凡的世界〉：孙少平遇外星人成最大败笔？浅析路遥超越性精神》框架如下：

浅析路遥超越性精神（总）

路遥的现实主义创作观念中的天地宇宙情结（分）

路遥对于天地宇宙的探索和现代化精神追求（分）

田晓霞的永生和孙少平的命运拐点（分）

总结

正是有了清晰的框架结构,用户可以在第一时间掌握《〈平凡的世界〉:孙少平遇外星人成最大败笔?浅析路遥超越性精神》的核心观点,继而获得愉悦的阅读体验。

通常而言,自媒体创作者可以为内容搭建四种框架。

(1)范畴结构。所谓范畴结构,是指在内容开头便划定一个范畴,然后所有内容都在划定的范畴内展开。范畴结构的内容通常会先划定一个大致范畴,其结构如下:

引言

今天我们来分析一下军事最强的三个国家。

美国……

俄罗斯……

中国……

结尾

(2)比较结构。所谓比较结构,是指内容以两两比较或多方比较的形式展开。比较结构的内容通常会将最重要的观点摆在开头处,内容通常如下:

引言

我们比较一下本公司和竞争对手。

总体规模方面……

产品方面……

客户和资源方面……

服务方面……

结尾

(3)时间架构。时间结构的内容是以时间为框架展开的,时间主线贯穿内容前后，给予用户愉悦的阅读或观看体验。

具体而言，时间结构的框架通常为：

引言

我们来谈谈改革开放后中国经济的发展。

二十世纪八十年代……

二十世纪九十年代……

二十一世纪初……

结尾

（4）因果结构。因果结构是指以事物衍变过程中的因果顺序搭建内容框架，进而给予用户更加清晰的认知。

因果结构的内容框架通常如下：

引言

我们今天关注一下全球变暖。

全球变暖的主要原因是……

全球变暖的影响是……

存在的争议是……

我们的行动是……

结尾

4.3.3 填"血肉"

有了框架，自媒体创作者还需要为其填充丰满的"血肉"，才能创作出一篇文章或一个视频。内容通常由开头、正文、结尾三部分组成，想要创作出让用户爱不释手的好文章、好视频，自媒体创作者就必须做到开头吸引人，正文鼓动人，结尾俘获人。

（1）开头。内容的开头犹如人的脸面，面容姣好，自然吸引人关注，内容也是如此，开头开得好，自然不缺用户关注。

那么如何才能创作出一个吸引人的内容开头呢？具体而言，自媒体创作者可以采用四种方法打造吸睛开头，如图4-3所示。

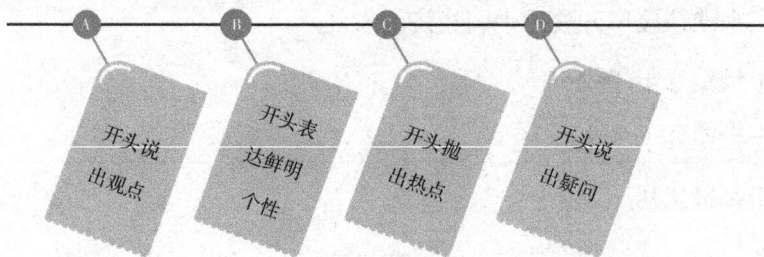

图 4-3　文章的四种开头方式

（2）中间段。内容中间段要想抓住用户眼球，就要善于利用人的欲望，抓住用户的痛点。如此，用户才会喜欢看、认真看。

那么如何在中间段抓住用户的欲望呢？具体方法有四种，如图4-4所示。

图 4-4　内容中间段经常利用的四种人性

（3）结尾。内容不仅要有好的开头和中间，还需要有好的结尾。有了好结尾，内容主题才能得到升华，继而大大强化内容的表达效果和感染力。

自媒体创作者可以灵活运用以下四种方法结尾。

（1）总结。在结尾时，自媒体创作者可以对内容进行简要的概括总结，帮助用户梳理所得，从而强化用户的感知性和获得感。

（2）强调观点。在内容结尾，自媒体创作者还可以再次强调内容的核心观点，并且将其进一步升华，继而在用户心中烙下更深的印记。

（3）金句名言。结尾可以制造金句或者引用名人名言，以此提升内容在用户眼中的品质，刺激用户转发分享。

（4）话题互动。结尾时，自媒体创作者还可以针对内容抛出互动话题，吸引用户讨论，强化内容参与感，刺激用户裂变。

4.4　强化内容质量是提升权重的基本操作法

内容品质将直接决定自媒体的权重——自媒体输出的内容品质越高，其在平台眼中的分量就越重；反之，自媒体输出的内容品质越差，其在平台眼中的分量就越轻。因此，自媒体创作者需要持续强化内容质量，才能从根本上提升自媒体权重。

那么自媒体创作者应该从哪些方面强化内容质量呢？

4.4.1　有思维

思维决定人的命运轨迹，也决定了内容的高度。自媒体创作者想要提升内容品质，首先需要在思维上有所突破，以思维上的突破助力内容上的升华。

头条号"大声漫画"的漫画作品都很有用户思维，总是能够抓住用户的好奇心，激发起用户的探索欲望。比如，发布的一篇名为《古代皇帝的一天是如何度过的》文章，采用漫画的形式，诙谐幽默地将古代皇帝的一天展现在了用户眼前。要知道人人都有好奇心和窥探欲，特别是对皇帝、名人等的生活有着天然的关注欲望，所以这篇文章发布后便立即吸引了大量用户围观，如图4-5所示。

图 4-5 "大声漫画"用户思维文章

具体而言，自媒体创作者可从秉持四个思维创作内容。

（1）用户思维。内容想要吸引用户，锁定用户，自媒体创作者首先需要了解目标用户最广泛的阅读动机是什么。从心理学上看，好奇心和自我表达是绝大多数人关注文章的出发点，因此内容要能激发和满足用户的好奇心，且能够帮助他们表达某种观点。

用户思维下内容创作流程，如图 4-6 所示。

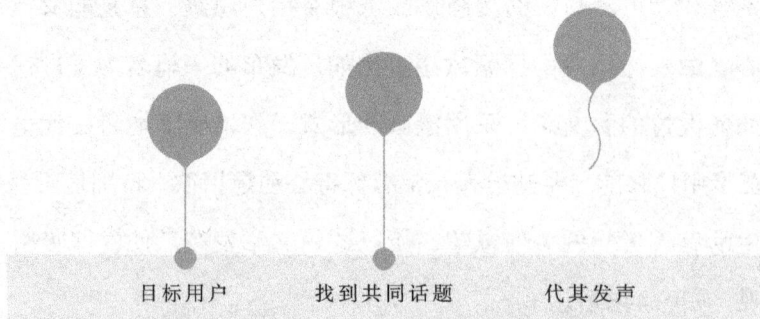

目标用户　　　　　找到共同话题　　　　　代其发声

图 4-6 用户思维图

（2）场景思维。高品质内容一定是应景的，契合用户所处的某种场景，如此一来，用户才会觉得你在和他们说心里话，才更有认同感。

场景思维具体表现为三个方面，如图4-7所示。

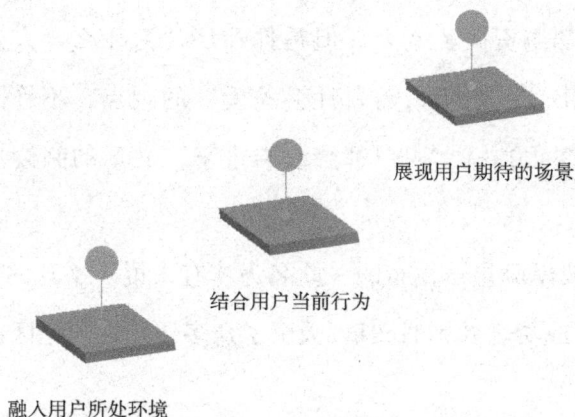

展现用户期待的场景

结合用户当前行为

融入用户所处环境

图 4-7　场景思维

（3）销售思维。在当前这样一个快节奏的时代，用户每天都会从各种渠道接收到数不胜数的信息。在这种状态下，用户为什么要看的是你的文章而不是别人的文章呢？

A.突出价值。用户并不关心你的文章，只在乎你的文章能够带给他们何种价值，让他们得到什么好处。因此，你的文章在标题亦或开头，就必须提炼出能够给予用户的价值，比如在开头第一段可以这样写"这是一个能够让你码几个字就能赚钱的文章"，亦或"这是一篇能够让你躺着就能轻松减肥的文章"，等等。

B.内容定位为解决型而非预防型。用户为了预防做出某种行为的欲望要远远低于立即解决某个问题的欲望。比如，你想写一篇美妆文章，那么基点要定位为解决某一问题而非预防某种事情，比如"吃对饭一周去掉鱼尾纹"，而非"吃对饭预防鱼尾纹"。

4.4.2　有观点

优质内容最重要的一个特征是有自己鲜明的观点，能够在正文中将观点说清楚，讲明白。比如，社会上出现的一个"扶老人被碰瓷"的热点，大家普遍都谴责碰瓷老人，但是你却从"为什么老人会碰瓷"这个角度出发，提出了"老年人需要社会关爱"的观点，不管同意与否，因为观点新颖，视角独特，用户都会参与进来，文章的阅读量和评论数自然会大幅提升。

头条号"彼岸流星"发布的一篇名为《有人说〈平凡的世界〉结局败笔,其实这正是成功之处》的文章,吸引了众多用户在评论区留言,如图4-8所示。

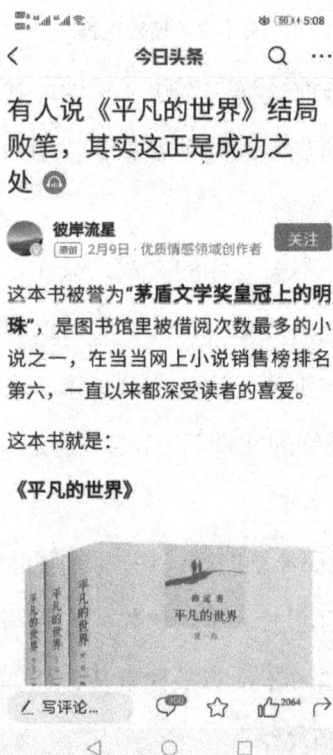

图 4-8　"彼岸流星"发布的文章

很多人都认为田晓霞的死是一大败笔，但是"彼岸流星"的创造者却认为这正是《平凡的世界》成功之处——田晓霞的死符合小说中的人物设定，虽然凄美，但却启迪了人们的心灵，让人们对现实有了更加清醒的认知，甚至很多人因此改变了人生轨迹。

正因为这种独特的解读观点，《有人说〈平凡的世界〉结局败笔，其实这正是成功之处》成了阅读量破10万的爆文。

在具体操作时，自媒体创作者可以按照四个步骤表述观点，如表4-6所示。

表 4-6　观点表达步骤表

步骤	解释	举例
建立用户链接	建立用户链接是指将所要表述的观点和用户链接起来，让用户拥有更多的代入感，生出更多的参与感	比如，你和朋友刚刚吃完火锅，有个摊贩走来问："来一罐凉茶？"这个时候你肯定会纳闷，刚吃饱了，我还要啥凉茶？但是假如那位摊贩后面再跟上这么一句"辣吃多了容易上火，凉茶则可祛火"，如此一来，你便会恍然大悟，考虑买上一罐
抛出观点	建立好用户链接后，自媒体创作者便可顺势抛出观点。观点要避免说教式，善用启发式	比如"男人努力挣钱就是为了养家？瞎扯！"这种感性启发式观点便能立即唤起男性渴望自由、潇洒的情绪，引发他们情感上的共鸣
呈现论据	抛出观点后，还需要若干论据来支撑，证明观点是有事实依据的，是可信的	比如"这家奶茶店成了这座城市的名片"，证明这句话时可以这样说：这家店一年卖出了6亿杯奶茶，排列起来可以绕地球赤道两圈

续表

步骤	解释	举例
结尾	向用户呈现情感价值，放大观点和用户间的连接，让用户更加认同你的观点	观点是"每一个不曾起舞的日子都是对生命的蹉跎"，结尾时，可以这样说：永远别说永远，抓住今朝，立即行动，你才会考上清华，当上主管，抱得美人归

4.4.3　有干货

所谓"干货"，是指用户通过阅读能够获得的知识或技能。有干货，内容在用户眼中才更具有价值。因此，创作内容不能"自嗨"，而要侧重知识点的提炼和技能的普及，让用户知其然也能知其所以然。

"二更"一路发展壮大，依靠的是优质内容输出，有了优质的内容，不管是最初的微信公众号，还是之后的头条号、百家号，"二更"账号都获得了高权重，成了各个平台优先推荐的"红人"。

每晚二更，发布一条短视频，这便是"二更"名字的缘起。二更是古时候的时间表述，相当于现在晚上的9点到11点，这段时间是用户一天中最清闲的时候，而3~5分钟的短视频，正好能动抓住用户眼球。

"二更"的内容干货主要体现在以下四个方面。

（1）美。"二更"的视频总是能让用户看到美好的故事，比如城市美食故事，以美食为媒，为大家展示了一个个城市特有的风采。

（2）利。"二更"的短视频往往能够为用户提供某种价值，诸如更精准的人生经验，更具鼓动性的精神能力，更有操作性的赚钱方法，等等。

（3）新。"二更"的内容都带有显著的新奇特色，能够在第一时间便抓住用户眼球，将用户代入一个崭新的奇妙世界中。

（4）情。"二更"输出的内容从来不缺少情怀、匠心和陪伴，因而能够快速引发用户情感上的共鸣。

自媒体创作者在创作内容时，通过四个方法让文章或视频满是干货，如图4-9所示。

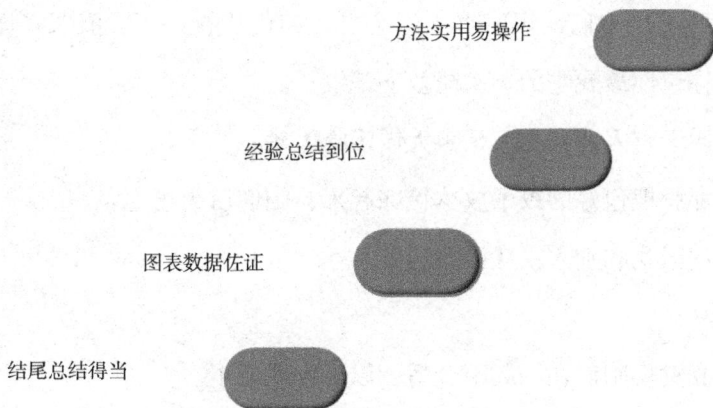

方法实用易操作

经验总结到位

图表数据佐证

结尾总结得当

图4-9 提升文章干货感的四个方法

4.4.4 有趣味

在当前娱乐至上的大背景下，有趣的内容更易于拨动用户的心弦，甚至让用户"上瘾"，在用户眼中也会更有价值。很难想象枯燥乏味的内容能够获得用户的青睐，让用户积极踊跃地转发分享。

文章的趣味性通常可以分为两种：有料又好玩和扎心却有趣。有料又好玩的趣味是指运用幽默性语言、场景再现、游戏等方法向用户传递价值点，通过有趣的、劲爆的言语吸引用户关注。扎心而有趣的内容则是指通过特定场景营造出扎心的情思情感，在共鸣中让用户感受到难以忘怀的趣味。

不管是有料又好玩的内容还是扎心却有趣的内容，自媒体创作者都可以通过两种方法呈现在用户眼前，锁定用户眼球。

（1）增加文章潜文本。所谓"潜文本"，是指心里想的和嘴上说的不一致，比如心里想的是"我爱你"，但是嘴上说的却是"我恨你"，这样用户读起来就会兴致盎然，津津有味。

某微信公众号发布了这么一篇短文：

男：明天是咱们认识一百天纪念日，咱们庆祝一下，我买了羊肉、胡萝卜，给你包你最爱吃的羊肉胡萝卜馅饺子。

女：明天有人请我去五星级大饭店吃大餐。

男：那我把包好的饺子放冰箱冻起来，咱们后天再吃。

女：后天我和别人去法国旅游。

男：……

女：我觉得咱们在一起不合适，以后别联系了。

很显然，这样的对话比女生直接对男生说"我喜欢富二代"更有趣，更吸引用户眼球。

（2）语义转移。所谓语义转移，是指将别人想要表达的语义转移为另一种意思，通过反差营造趣味性的方法。

比如，一个女人看到另外一个男人给他的妻子捏脚，便指着那个男人对自己的丈夫说："你看看人家的老公！"丈夫连忙拉起妻子的手，说："咱别同情他，快走！"这种语义上的巧妙转移，趣味自然满满，用户也乐于阅读和分享。

再如，过几天就要到春节了，妻子忙着大扫除，而丈夫却躺在沙发上悠闲地刷抖音。

妻：我当初真是瞎了眼，世界上那么多好男人，却找上了你，比猪都懒！

夫：你当初瞎眼了，我都没嫌弃你。现在你眼好了，咋地，要过河拆桥？

4.5 领域越垂直，权重就越高

自媒体的权重和定位领域的垂直度有很大关系：定位越垂直，内容越专业，账号权重就越高。因此，自媒体创作者想要提升账号权重，就必须做好垂直度，占领垂直领域中的某个细分领域。

4.5.1 精准定位

创作者在申请自媒体账号时便要做好定位，明确账号是做什么的，确定今后专门创作的领域。要知道人的时间和精力是有限的，想要在所有领域内都有所建树是不可能的，因此只能集中有限的资源，将某一领域做精做专。

不管是"李子柒"，还是"办公室小野""野食小哥"，这些自媒体大咖之所以能够快速地从弱小嫩芽成长为参天大树，和其依托高垂直领域快速提升账号权重有很大关系——账号领域越垂直，权重越高，平台推荐力度就越强，涨粉能力就越强。

"办公室小野"定位为"办公室里做奇葩美食"，其视频和文章呈现的是"办公室就地取材制作美食"的奇思妙想。

"李子柒"定位为"逃离都市的田园恬静少女"，其视频和文章为用户呈现的是"恬静的生活气息和唯美的古风美食"，让身处喧嚣都市的男男女女都从中收获了难得的宁静以及味蕾上的绝美享受。

"野食小哥"的定位领域则为"户外野味美食制作"，为用户呈现的是原生钢筋森林的田野美食和无拘无束的乡野生活。在"野食小哥"之前，没有人关注过野外，这样一来，"野食小哥"自然就做出了差异化，快速提升了在这一领域内的权重。

那么创作者如何定位领域呢？具体而言，创造者可以从两个方面做好定位，如表4-7所示。

表 4-7　自媒体定位方法表

方法	解释	举例
你擅长什么就做什么	创造者在定位时结合自身专长，尽量选择自己擅长的领域创作	擅长做菜，定位美食领域；从事教学工作，定位教育领域
根据用户痛点定位	目标用户的痛点是什么，就定位什么，帮助用户解决问题	用户不会做PPT，有了"秋叶PPT" 用户忙碌无暇旅游，有了"走世界"

4.5.2　行业细分

定位好领域后，自媒体创作者还需要对领域进行细分，在大领域中找到适合自己的垂直领域。比如，你的自媒体定位于"教育方法扩展"，定位于这一领域的自媒体很多，在大家都生产教育内容的大背景下，彼此间的竞争肯定异常激烈，想要从中脱颖而出自然难如登天。但是假如将教育市场细分为胎教、幼儿教育、小学教育、初中教育、高中教育、成人教育等，每个细分行业所面临的竞争则会小很多。

微信公众号"我是女生爱芭蕾"，创作者对舞蹈行业进行细分后，结合自身的喜好和特长，专注于芭蕾舞，向用户普及芭蕾舞知识，分享芭蕾舞音乐和视频，传授少儿芭蕾舞技巧。这些实用知识对喜欢芭蕾舞的女孩子和她们的家长产生了巨大吸引力，如图4-10所示。

图 4-10 "我是女生爱巴黎"发布的内容

具体而言，自媒体创作者可以从三个方面对领域进行细分。

（1）按照属性、类别细分。定位好大领域后，自媒体创作者可以按照某种属性或类别对其细分。比如，创作者擅长舞蹈，选定这个领域后，可以按照类别细分为民族舞、芭蕾舞等，然后将各个类别再细分，比如将民族舞细分为少儿组、青年组、老年组等，直到找到稀缺领域为止。

（2）逆向细分。自媒体创作者还可以采用逆向细分的方法——以逆向思维思考市场某一领域，继而找到自己的细分领域。比如，在教育这个大行业中，绝大部分自媒体都在教孩子怎么学习，怎么考高分，你则可以教孩子们怎么玩，如何才能玩好；大家都聚焦孩子，你偏偏聚焦父母。

（3）非可乐细分。非可乐细分是将自身定位为"非可乐"，继而在可乐这一大类之外创造一个新概念，最终找到细分领域。简而言之，非可乐定位目的在于创造新概念，新领域。比如，你将自身的自媒体定位于"非传统"，主打个性化、标签化、潮流化内容。

4.5.3　锁定小众市场

很多创造者总是习惯性地将目光聚焦在大众市场，认为人多就有市场，积累人气的速度才更快。这种观点很正确，但假如换个角度看，大家都蜂拥而至，领域内的竞争自然异常激烈。在这种状况下，自媒体创作者要想从中脱颖而出，必然要足够优秀，否则将会被同质化内容快速覆盖。而小众市场则不然，因为聚焦的人少，平台上类似的内容就较少，竞争不激烈，有利于自媒体快速打响知名度。

西瓜视频"老郑的Vlog"，创作者是一个科技数码博主。和其他数码博主热衷向所有用户普及电脑、手机信息不同，"老郑的Vlog"将创作领域锁定在小众市场——地铁、公交一族。基于此，"老郑的Vlog"发布的数码内容绝大多数都是猜地铁、公交上人们手中的手机品牌和型号，有趣而又有料，3秒猜出型号，并且普及该型号手机的上市年份和主要特点，因而吸引了公交和地铁出行用户的关注。

那么对自媒体而言，什么才是小众市场呢？小众市场主要包含以下三种。

（1）本地资讯。相对于全国性的内容，本地资讯由于受地理因素制约，相对更加小众。假如自媒体创造者能够做好本地资讯，则会快速吸引本地和相邻区域用户关注。本地资讯做好了，自媒体创作者再逐渐扩大内容的地域范围，吸引更多的用户，放大个人品牌影响力。比如，自媒体创作者可以关注所在城市的新闻内容，在第一时间向用户提供新闻的深度解读。

（2）专业领域。领域越专业，进入该领域的门槛就越高，自媒体创作者所面对的竞争相对就较小。比如，火车知识、建筑知识、漫画知识等，只要自媒体创作者能够拿出好内容，便会在短时间内积聚人气。

（3）冷门领域。很多人觉得冷门领域受众基数少，很难做出名气，其实不然，冷门领域受众基数放在全国范围内其实并不少，特别是在互联网环境下，高质量的冷门领域内容能够让自媒体短时间内打响知名度。比如，教人们在淘宝上如何用最少的钱购物便比较冷门，但只要你的方法足够实用，也能成为达人。

4.6 点赞、评论和转发是权重的晴雨表

自媒体的文章、视频等内容获得的用户点赞、评论和转发数量越多，意味着账号在用户眼中越有价值。而用户眼中有价值的账号，相对于其他自媒体账号，对平台的价值也会更大，在平台"眼中"，自媒体账号自然也就更有分量。

因此，想要提升自媒体账号的权重，创作者需要强化同用户间的互动，最大限度地激发用户点赞、评论和转发的热情。

4.6.1 击中人性一次，粉丝点赞不停

想要成功利用短视频打造出个人IP，自媒体创作者必须能抓住人性，满足人性，愉悦人性。很多时候，社交电商击中人性一次，粉丝便会点赞十次、百次，评论互动的积极性也会更加高涨。

抖音号"大咖（手机摄影）"，通过短视频的形式持续向用户输出摄影知识和技巧，帮助用户拍摄出更好的照片和短视频，迎合了趋利人性，因而吸引了大量用户围观。比如，其发布的《十五秒教你学会山间小短片怎

么拍》的短视频，手把手教用户拍摄高品质登山短视频，因为方法简单实用而聚集了大量人气，如图4-11所示。

图 4-11 "大咖（手机摄影）"发布的短视频

（1）趋利。每个人都渴望获得利益，渴望快速成功，渴望找到捷径。因此，自媒体创作者要能向用户输送利益，比如帮助他们更接近目标，或者给予他们获利的途径，等等。

（2）色欲。用高颜值吸引粉丝。人都是爱美的动物，所以长得好看的人更容易获得别人的好感，因此自媒体创作者要尽可能选择俊男美女作为文章或视频的主角。

（3）贪婪。给用户实惠，用户就给关注。大部分的人都喜欢贪便宜，哪里有便宜哪里的人群就会比较多。因此，自媒体创作者可以利用这一人性弱点，让用户感到有便宜可以赚，他们的点赞、评论和转发积极性自然会更高涨。

（4）虚荣。自媒体创作者满足用户虚荣，用户便会满足你的流量。虚荣心是一种扭曲的自尊心，它是自尊心的过分表现，通常表现为盲目攀比、好大喜功、过分看重别人的评价、自我表现欲强烈等。自媒体创作者需要在一定程度上满足用户的虚荣心，才能快速地获得用户关注。

（5）自卑。给用户自信，用户给关注。每个人都有不同程度的自卑感，这种心理表现为对自己缺乏一种正确的认识。自媒体创作者如果能打造出改变用户自卑心理的短视频，那么受到用户关注的概率自然会大大提升。

4.6.2 打造强参与感

如何才能提升用户点赞、评论和转发的积极性呢？除了要做好内容外，自媒体创作者还需要打造强参与感，将"你的"变为"我们的"。有了强参与感，用户互动的积极性才会更加高涨，自媒体的点赞、评论和分享数才会水涨船高。

小陈做头条号便非常注重强化参与感，他认为参与感越强，用户的互动意愿就越高，点赞、评论和转发的积极性就越强烈，点赞、评论和转发量上去了，在今日头条平台上的权重就越高。

小陈打造参与感的方法很简单——第一时间回复用户的评论，提升自己和用户间的互动频率。用户的评论非常精彩，小陈有时候会觉得有些用户的评论甚至比自己写的文章还有价值。对于这些评论，小陈会在第一时间给予回复，有的回复很幽默，有的回复很煽情，有的回复很励志，有的回复搞笑无厘头，有的回复则充满了奇思妙想。这样一来，文章和视频的评论区时常充满了欢声笑语。

另外，小陈还会认真筛选用户评论，从中提炼新的文章选题和视频拍摄灵感。筛选工作完成后，小陈会在微头条上发文感谢提出意见的用户，声明自己的创作离不开用户的支持和参与。如此一来，小陈头条号上的文章在用户眼中就有了自己的印记，有了可读性，有了成就感。

自媒体创作者打造参与感的方法除了在评论区和用户互动外，还可以从四个方面入手，如图4-12所示。

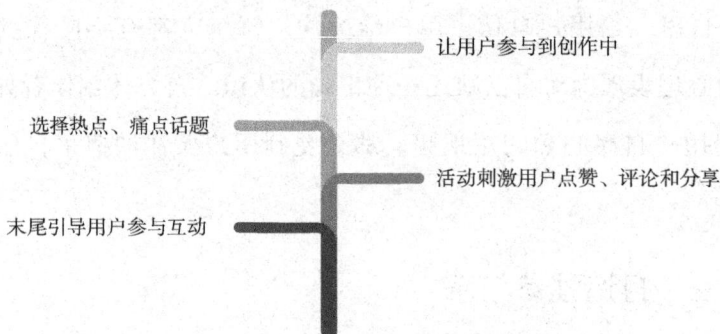

让用户参与到创作中

选择热点、痛点话题

活动刺激用户点赞、评论和分享

末尾引导用户参与互动

图 4-12　提升用户参与感方法

4.6.3　蹭他人热度，增强自己影响力

想要引导用户多点赞、评论和转发分享，自媒体创作者除了需要自身投入资源打造互动性内容外，还可蹭他人热度，增加自己的影响力。自媒体蹭热度的方式一定要正确，方法一定要精准。

头条号"上峰说"，针对网络热点"广州有三十万非洲人"论点，了解了广州市越秀区公布的数据，表达了自己的观点——"广州有三十万非洲人，谣言！"因为内容贴合网络热点，观点鲜明，论据充实，因此"上峰说"发布的内容吸引用户留下了489条评论。

（1）从热点本身出发。每一个热点出来后，往往都会快速吸引眼球。这时候，自媒体创作者要快速响应，从热点本身出发科学地"蹭"。

需要注意的是，热点并非什么都能蹭，以2019年女排获得世界杯冠军为例，看似是一场女排盛宴，似乎什么都能成为热点，但实际并非如此。

首先，负面的不要蹭；

其次，过时的不要蹭；

最后，政治不要蹭。

（2）善于借势。找到了热点后，还需要加入"女排世界杯"的热点信息，例如在文案、封面上都可以带有"女排世界杯"的字眼，以此在第一时间吸引用户眼球关注。

（3）通过对比衬托出自身的优势。通过对比环节的巧妙设计，拿出自己具有独特卖点的视频"强势"，在用户面前展示，这样便会为文章和视频增分。

4.7 别断更，别断更，保证持续输出

想要通过自媒体在平台上打响个人品牌，提升账号权重，一两次内容输出是不会有效果的，只有一次紧挨着一次，维持热度不降低，一次比一次更精彩，更火爆，在平台眼中你的账号才更有价值，更有分量，更值得大力推荐。因此，想要提升账号权重，需要有长久的创作计划，要做好内容发布安排，保持固定输出。

要知道，任何事情都不可能一蹴而就，而是长久努力的结果，自媒体创作者提升账号的权重也是如此，只有持续输出优质内容，不断为平台成长和繁荣贡献力量，账号在平台眼中才更有分量。

4.7.1 制订周创作计划

详细的计划能够保证自媒体内容输出稳定有序，能够确保自媒体创作者每天亦或每隔几天和用户有一次"面对面"交流的机会。没有内容输出

计划的自媒体只会三天打鱼两天晒网，不可能长久下去。

具体而言，内容输出计划以周为单位最合适——一天太短，一月太长，一周恰好。未来一周，你需要输出内容的数量是多少，每篇文章、每条视频的主题，所需要人员，道具，等等，都可以通过输出计划表直观地展示出来，创作者按照计划表按部就班行动即可。

小辉生于农村，长于农村，为了将农村最真实的一面展现出来，他在今日头条上开通了直播。虽然首场直播观看的人较少，但是小辉并不气馁，他知道一个新人，不可能通过几场直播就火起来。想要实现"大火"的目标，必须持之以恒，不断输出优质内容。

为了保持直播热度，持续吸引用户关注，小辉制订了未来一周的直播计划，如表4-8所示。

表 4-8　小辉周直播表

周一	直播"杀年猪"
周三	直播"乡村婚礼"
周五	直播"乡村赶集"
周七	直播"炸撒子炸丸子"

之后小辉按照这一直播计划表，顺利完成了一周的直播。乡村味十足，场次密集，小辉的直播人气越来越高，一周增加了9000粉丝。

4.7.2　做好充足准备

内容的创作并非想开始就开始，要想在保证数量的同时保证内容的品质，自媒体创作者必须提前做好充足准备。

今日头条大咖乡野阿波，拥有粉丝40万，以向用户直播甘肃农村生活而为用户所钟爱。其基本每天直播一次，每次直播的内容都非常有趣、有情、有故事感，"面对面"地向大家展示了农村可爱的一面。

为了完成一场高品质的直播，乡野阿波通常会提前做好以下三方面准备。

（1）直播脚本。每场直播的脚本必须提前准备好，开始时说什么，做什么，中间环节说什么做什么，如何结尾，都需要一一明确。

（2）直播道具。每场直播需要什么道具，需要按照场次顺序提前准备好。

（3）直播设备。直播所需要的设备要提前准备好，调试好。

正是由于准备充分，乡野阿波才可以持续输出优质内容，不断聚集人气。

5 内容:

有价,有用,有趣,易操

对自媒体而言，内容是根本，优质内容不仅是获取平台推荐量的尺子，还是吸引用户的核心。因此，自媒体创作者必须重视内容创作，要结合自身特长，从话题、标题、封面、结构等方面提升内容品质，以高价值、高实用性、强趣味性锚定用户目光。

5.1　标题画面感的六个技巧

标题相当于内容的名片，标题拟定得好，内容被用户关注的概率就会变大，便能获得更高的点击量，而点击量上去了，内容便会获得更大的推荐量，才会出现在更多用户的眼前。因此，自媒体创作者必须重视标题的作用，为每个待发布内容拟定一个满是吸睛点的标题。

5.1.1　数字式标题

数字式标题能够简化人脑的思考成本，能够更加直观地表达出内容的主题，契合"懒惰"的人性。更重要的是，数字更具冲击性，特别是一个较大的数字，往往能够和用户的心灵产生碰撞，让用户在惊讶之余产生更加强烈的探究欲望，迫不及待地点击标题查看内容。

数字式标题的类型，如图5-1所示。

图 5-1　数字标题类型

做了半年微信公众号的小华，那期间发布了不少情感和美食类文章，但是让他郁闷的是，虽然一直都在用心地写，但发布后所获得的关注却少之又少。为什么会出现这种状况呢？小华向一位从事自媒体运营30年的前辈请教。前辈详细地翻看了小华微信公众号上的文章，很快便找到了问题的根源——正文写得好，但是标题很糟糕！

前辈指着其中的一篇文章对小华说："这个标题太随便了，'给女朋友买了一对耳环'，这种过于直白毫无亮点的标题根本引发不了用户的点击欲望，你正文写得再好，用户不看，也没用！假如将这个标题换成'花了2000元给女朋友买了一对耳环，她戴上留下了幸福的眼泪'，是不是更有效果？"

"再如这个，"前辈指着另外一篇文章说道："'难忘大姐的卤味'，改成'5个大姐做豪华午餐，9盆卤味摆上桌，花40元吃一顿，超过瘾'，你觉得效果如何？"

小华仔细地品了品，不由得眼前一亮，数字加上去，效果确实比之前好太多！数字出现以后，标题信息量变大，情节丰富，且有转折，更吸引人。

5.1.2 对比式标题

正所谓"没有对比就没有伤害"，你看看人家孩子多听话，人家媳妇多贤惠，人家老公多会挣钱，这一对比，千百滋味上心头，标题拟定也是这个道理，通过对比呈现出来的差异，可以产生强烈的冲击力，刺激用户点击标题。

想要通过对比拟定出高品质标题，自媒体创作者需要掌握好三个要点，如图5-2所示。

制造矛盾　　　　违背常识　　　　反差强烈

图 5-2　强对比性标题三要点

那么在实际操作中如何拟定对比式标题呢？自媒体创作者可以根据具体内容灵活使用四个方法。

（1）数字对比。通过前后两个相差巨大的数字，营造出强烈的冲击感、画面感，继而刺激用户的好奇心，激发他们的点击欲望。比如，《这家5平方米的小店，靠什么年赚5000万》，"5平方米"和"5000万"，一个极小，一个极大，前后对比下便会形成强烈的冲击力。

（2）时间对比。通过两个时间点状态的对比，诸如前后变化、今夕差别等，构建强烈的反差画面，吸引用户点击标题。比如，《年前挫矮丑，年后白富美》，两个时间段表现出来的差异形成了强烈的画面冲击，大大地刺激了用户点击标题的欲望。

（3）强弱对比。以两方的强弱为基点，通过比较产生更加强烈的画面效果，让用户产生更强的点击欲望。比如，《横扫亚欧大陆的蒙古铁骑，为何征服不了小小的'八百媳妇'国》，横扫亚欧大陆的蒙古铁骑和小小的"八百媳妇"国，一强一弱，放在一起自然可产生强烈的差异性效果。

（4）常识对比。通过对比营造出反常识效果，刺激用户好奇心，继而提升点击量和阅读量。比如，《非洲第二大巨兽，却被逼成了'脆弱物种'》，"第二大巨兽"变成"脆弱物种"在很大程度上违背了常识，激发了用户点击标题观看视频的好奇心。

5.1.3 悬念式标题

犹抱琵琶半遮面的女人在男人眼中往往更有吸引力，标题也是如此，半遮半掩更迷人。试想一下，假如标题将内容讲得一清二楚，那么用户为什么还要点击阅读文章或观看视频呢？可见，悬念式标题对用户而言更具吸引力，说一半留一半，往往更易于激发用户深入探究的欲望，提升内容点击量。

那么自媒体创作者如何拟定悬念式标题呢？具体方法如表5-1所示。

表5-1 悬念式标题拟定方法

拟定方法	解释	例子
对比法	通过双方差距明显的对比，营造悬念，刺激用户寻找答案的好奇心	《月薪3000和月薪30000差距在什么地方》，3000和30000差别巨大，造成这种差距的根源是什么呢
反逻辑法	用违反正常逻辑的语句挑战用户认知，制造悬念，吸引用户点击阅读	《你的勤奋，才是你失败的根本原因》，人们常说勤奋才能成功，为什么这里却说勤奋是失败的根源
反问法	在设置悬念时，自媒体创作者可以使用反问句，引发用户深入了解的兴趣	《面对贪婪无度的亲戚该怎么办？学学这小姑娘，大快人心》，虽然给出了答案，但是答案并没有说明白，刺激了用户点击探究的欲望

5.1.4 共鸣式标题

站在用户的立场上说话，让用户感同身受，继而在情感上产生共鸣，吸引用户阅读文章或观看视频。

在拟定共鸣式标题时，自媒体创作者需要秉持两个原则。

（1）立场共鸣。站在用户立场上说的话更易于引发他们的共鸣，点燃他们的情感。比如，《我用了1个月，做死了8次热点营销》，相信每个从事热点营销的人都有这样的经历，感同身受下点击阅读的可能性自然大增。

（2）感受共鸣。各行各业都有自己的潜规则，假如能够用标题总结出这些潜规则，说出用户心声，自然能够引起用户内心深处的情感共鸣。比如，《做牛做马，别做乙方》，这种行业共性，经验之谈，往往更易于引发用户共鸣。

5.1.5　目标式标题

在标题中直接向目标用户喊话，这些人看了后便会产生这样的疑问：是在说我吗？事关自身利益，用户自然会点击查看。

（1）范围圈定。圈定某一范围，向该范围内的用户喊话，让他们以为标题就是为他们拟定的，继而快速地引发他们关注。比如，《那些整天熬夜加班的人注意了》《为孩子在家上网课头疼的家长们看过来》《送给被莫名其妙喊阿姨的你》等。

（2）利益引诱。直接告诉用户：点开这个标题，你便会得到很多。这样一来，在利益驱使下，这部分用户自然更乐于点击标题。比如，《一篇文章为何能够获得100万点击？吸引用户点击的10个标题拟定方法》《让销售提升4倍的6种方法》等。

5.1.6　三段式标题

所谓"三段式标题"，顾名思义，就是将标题分为三段，其设置公式为：陈述事实+抛出引子+设置悬念。三段式标题是自媒体创作者使用频率最高的标题，也是用户点击率最高的标题，爆文产出率非常高。

比如，一个标题，改前为"百度CEO李彦宏演讲被泼水，淡定化解"，改为三段式标题，为"李彦宏演讲被泼水，量很大时间很长，其不失风度化解"。"李彦宏演讲被泼水"，是在陈述事实；"量很大时间很长"，则抛出引子；"其不失风度化解"，设置了悬念，引发用户好奇心，刺激用户点击阅读。

再如，改前为"家庭简易版兰州牛肉面：在家就可以吃到家乡美味"，改成三段式标题，为"在家做的兰州拉面，和店里的味道一样香，制作方式简单易学"。

又如，改前为"安吉天荒坪盘山公路，堪比日本的秋名山"，改后为"在浙江这片竹海里，有段盘山公路堪比日本秋名山，自驾其中感受漂移的刺激"。

5.2 高吸睛力封面的四个设置方法

如果说标题是内容的名片，那么封面则是内容的脸面，在这个颜值为王的时代，俊男美女总是瞩目的对象，同样的道理，靓丽的封面通常能在第一时间锁定用户的眼球，吸引用户点击。更重要的是，封面还会影响内容推荐量，封面越精美，越有识别性，内容所获得的系统推荐量就越多。因此，自媒体创作者要善于以封面吸引用户，提升点击率、阅读率和点赞率。

5.2.1 代入法

封面有代入感，用户看了才更认同，更愿意点击查看具体内容。试想一下，用户从封面中看到了自己的身影，是不是迫不及待地想要点击正文一窥究竟呢？因此，聪明的自媒体创作者喜欢使用强代入感图片作为内容封面，以期在第一时间引发用户认知和情感上的共鸣。

头条号"有书一读"发布的内容封面都很有代入感，用户在看到时或身临其境，或情感共鸣，继而产生强烈的点击阅读欲望。比如，其发布的一篇名为《古诗里最孤独的10首诗，每一首都无比孤独，把孤独写到了极致》的文章，封面便非常有代入感——一人一马，独立山坡，抬头远望，孤独感扑面而来。正是这种代入感强烈的封面，大大激发了用户点击阅读的兴趣，吸引了用户在评论区留下了3410条评论，如图5-3所示。

图 5-3　"有书一读"内容的吸睛封面

那么哪些图片能够给予用户强烈的代入感呢？具体而言，三类图片的身份代入感较强，如图5-4所示。

内容描述的效果展示图

有文字说明的图片

内容描述的场景展示图

图 5-4　强代入感的封面图片

5.2.2　创意法

人们都喜新厌旧，对"新奇"的东西天生就充满了一种强烈的探索欲望，而创意的本质就是在现实存在的理解和认知基础上，赋予事物一种新的思维和意识。因此，越有创意的封面越容易吸引用户眼球，刺激用户点击。

自媒体创作者可以领会使用以下三种方法给予封面强烈的创意感。

（1）借代。封面创意的借代手法是指采用其他有共性的元素来替代经常使用的元素，继而将抽象的问题形象化，最终实现情感上的共鸣。

比如，很多自媒体创作者喜欢使用美女作内容封面，但美女看多了，用户也会生出审美疲劳，失去探索内容的好奇心。假如创作者用蝴蝶的翅膀遮挡美女的半张脸，以动物的美丽部位替代人类的美丽部分，在用户眼中自然更有创意，更值得点击查看。

（2）同构。同构是指自媒体创作者通过大胆创造和想象，在同一画面中将两个或两个以上带有独立意义的图形按照一定的规律加以构成、排列和融合，组成新的图形，如足球和汽车，数字和大桥，等等。同构封面既能表现内容主题，又能发挥用户想象空间，通常会激发用户的点击欲望。

（3）文字图形化。正所谓"书画同源"，文字本身便具有图形的美观，因此自媒体创作者可以使用文字图形化的方法提升封面的创意感，吸引用户关注。具体而言，文字图形化的方法，如图5-5所示。

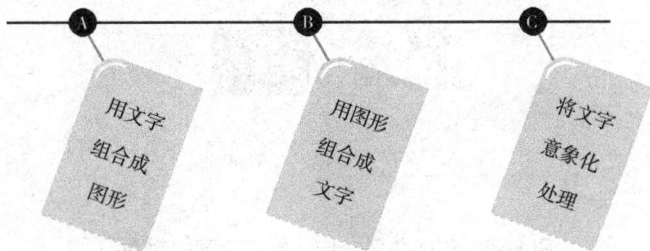

图5-5 文字图形化方法

（4）夸张。自媒体创作者还可使用夸张的方法，将对象的特点和个性中美的方面放大，继而产生一种新奇和变化的情趣。比如，放大功效，放大细节，表情特写，等等，都可以快速锁定用户眼球。

5.2.3　场景法

场景是构建画面感的重要因素，场景感越强，用户看到标题后就越容易身临其境，产生点击阅读的兴趣。因此，自媒体创作者在拟定标题时，要善于为其注入场景元素。

比如，头条号"杨角风发作"发布的一篇名为《二十四史不包括清史，为什么清朝已灭亡一百多年，史书还没修好》的文章，其封面便非常具有场景感——慈禧太后躺坐于宝座之上，周边跪着大臣和太监，将清朝的状态活灵活现地展现在用户眼前，如图5-6所示。

图 5-6　"杨角风发作"发布内容的封面

那么如何让标题更具场景感呢？

（1）调动五感。当标题能够给予用户视觉、听觉、嗅觉、味觉和触觉上的刺激时，大脑的想象会更活跃，用户的场景感自然更强烈。因此，封面可以聚焦口、鼻、耳、手等器官，也可聚焦能够引发感官反射的食物、色彩、气味等。

（2）展现事件发生的场所。假如内容聚焦的是某件事，封面则可展示这件事发生的场所。比如，内容写的是保护野生动物，那么封面可以是它们在森林奔驰的画面，也可以是它们被人抓住后在厨房挣扎的情景。

（3）聚焦某一环节。封面可以是内容的某一个环节，如写篮球比赛的内容，封面可以是某位运动员灌篮；写美食的内容，封面可以是锅内翻炒的画面。

5.2.4 对比法

在设计封面时，自媒体创作者还可以采用对比的方式，通过双方之间的巨大差异强化某一主题，吸引用户点击阅读或观看。

比如，微信公众号"人民网"发布的一篇名为《我们的帅小伙，回来了》的文章，封面便采用了对比法。《我们的帅小伙，回来了》，封面以时间为节点，将2020年2月15日、2020年3月27日和2020年4月10日记者们的三张照片放在一起，通过对比，展示了前线记者报道的艰苦性和抗击新冠肺炎疫情胜利后的喜悦之情，如图5-7所示。

图5-7 "人民网"文章封面

封面可以采用单图分格或者多图的方式进行对比。具体而言，自媒体创作者可以结合内容主题灵活运营四个对比方法，如图5-8所示。

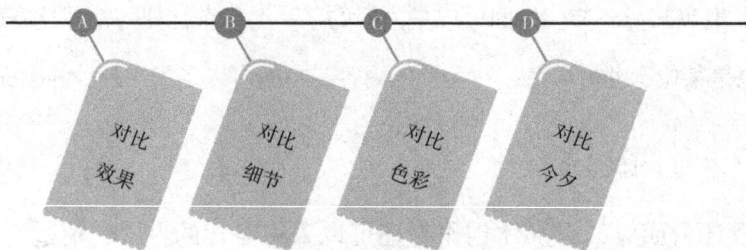

图 5-8　封面对比的四个方法

5.3　采用痛点法拟订二级标题

自媒体内容，不管是文章还是视频，要想吸引用户，篇幅结构上都需要简练精要，这时就需要用到二级标题。二级标题可将较长的文章或视频分割成相对独立的内容单元，给予用户更加愉悦的阅读或观看体验。

5.3.1　分解痛点，放大焦虑

内容标题抛出某个痛点，内容中的二级标题分解这个痛点，放大焦虑或矛盾，增强内容的吸引力，提升用户的参与感。

某头条号上发表了一篇名为《北京，有1000万人在假装生活》的文章，发布前该头条号关注用户只有2000，发布后一天，阅读量便突破了200万，粉丝数增加到2万。这篇文章能够火起来，关键就在于其抓住了北京生活的痛点，引发了用户情感上的共鸣：生活在北京的中产阶级并非表面上看起来那么光鲜，他们有着各自的焦虑。

《北京，有1000万人在假装生活》，用"压力山大的房贷""长征一样的上班路"和"无处不在的精神攀比"三个二级标题放大了生活在北京这座城市的人们的焦虑，淋漓尽致地刻画出了北京生活的痛点。用户从文章中找到了自己的影子，产生了强烈的情感共鸣，自然更乐于关注和分享。

具体而言，自媒体创作者可以从三个方面分解痛点，放大用户焦虑，如图5-9所示。

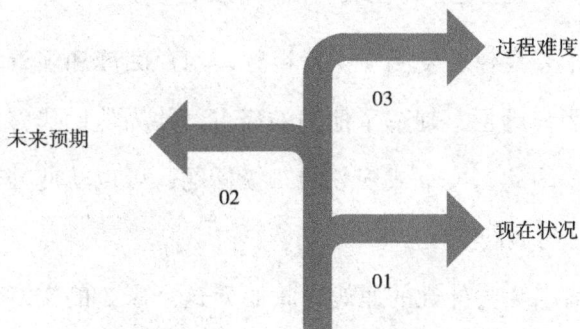

过程难度
03
未来预期
02
现在状况
01

图 5-9　分解痛点的方法

5.3.2　提出解决方案

文章的二级标题还可以针对痛点分别提出解决方案，给予用户更高的期望，帮助用户提升生活质量和工作效率。

需要注意的是，二级标题针对痛点提出的解决方案必须遵循三个原则，才能在第一时间引起用户关注。

（1）可行。二级标题针对痛点提出的解决方案首先必须是实际的、具体的、可行的，而非笼统缥缈的建议。比如，针对新冠肺炎疫情期间家长普遍头疼孩子在家上网课的问题，假如你提出的解决方案是"家长老师化"，对用户而言就很鸡肋，因为并非每个家长具备成为老师的资质。针对这一痛点，自媒体创作者应该从"同理心""和孩子一起学习"和"方法技巧"三个方面提出具体方案。

（2）易操。在可行的前提下，为用户提供的解决方案还要尽可能易于操作，能够让用户一听就懂，一学就会。假如方案操作步骤烦琐，只会让大部分用户望而却步，为内容贴上"不实用"的标签。

（3）超预期。解决方案要尽可能符合预期甚至超出用户预期，在用户眼中才更有价值，甚至惊艳。

5.3.3　代言圈层，为某一群体发声

自媒体创作者写作、发图文、发视频，用户阅读和观看。当自媒体深入了解了某一用户圈层，理解了他们的痛点，并为他们代言发声，那么用户就会支持你。因此，文章或视频的二级标题，可以从此处着眼，为某一用户圈层代言，为他们呐喊。

比如，一篇名为《外姓的妈妈才真心爱这个家》的文章，发表这篇文章之前，这个公众号粉丝不到1万，发布文章三天后，便获得了100万阅读量，粉丝数涨到了十万，为什么会产生如此好的效果呢？最主要的一个原因是这篇文章为"妈妈"这个群体代言，说出了妈妈们想说却一直说不出来的痛点。

《外姓的妈妈才真心爱这个家》采用了三个二级小标题，分别为"世上只有妈妈好""严厉面孔下火热的心""即使你老了在妈妈眼中也是孩子"，每个二级标题都说出了妈妈们的心声，让妈妈们拍手称快。如此一来，这篇文章的火爆自然也就顺理成章了。

通常而言，内容中的二级标题可以用三种方式为用户圈层发声，如图5-10所示。

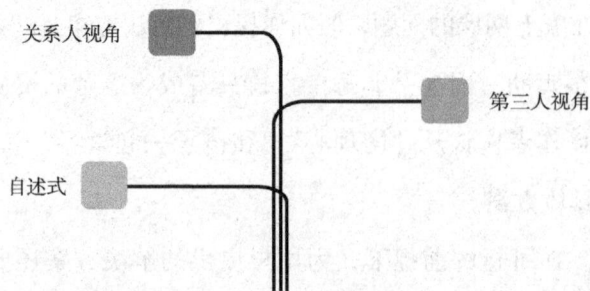

图 5-10　为用户圈层发声的三种方式

5.4 开头便抓住用户的眼球

很多人看文章或者视频的时候都有这样的经历，读几句，看几眼，假如有兴趣、有价值，才会继续看下去；反之，假如索然无味，便会弃之而去。可见，有一个吸引力强的开头，文章或视频就成功了一大半。因此，自媒体创作者必须精雕细琢内容的开头。

5.4.1 身份认同法

所谓"身份认同法"，是指自媒体创作者通过描述特定人群的身份标签或所处环境，让目标用户对号入座，产生强烈的身份认同。如此一来，用户会觉得这篇文章、这个视频就是专门为我写的，为我拍摄的，他们对文章和视频的喜爱感自然大大提升，继续阅读下去的欲望也会大增。

那么身份标签有哪些呢？具体而言，年龄、学历、社交角色、薪资等都可以作为某一用户圈层的身份标签。比如，"90"后，月薪10000，无房无车，单身，等等，这些身份标签会让很多用户对号入座，吸引他们关注。

一篇阅读量10万以上的文章，开头这样写道："90后，未婚，放弃了小县城稳定的体制内工作，漂泊到北京。打拼两年，月薪20000，比上不足比下有余，虽然尴尬，有时候还孤单失眠，但心里有着满满的闯劲儿。"设想一下，在北京打拼的人中，符合这种身份设定的是不是很多？开头的这种身份设定自然会引发北漂一族强烈的阅读兴趣，获得10万以上阅读量也就不奇怪了。

自媒体创作者可以从以下三个方面为内容开头贴上身份认同标签，如

表5-2所示。

表5-2　内容开头身份认同方法

方法	解释	例子
圈定某一用户阶层	开头就圈定目标用户，针对他们的共同身份说话	比如，你想写一篇职场心理学文章，目标用户为办公室白领，开头可以这样写：坐办公室的人，看桌子就能看出性格
列出共性标签	学历、职业、爱好社交角色、年龄等都能彰显身份，为利用得当，可迅速为用户贴上某种标签	以职业开头：作为一个程序员，高工资背后其实是在燃烧生命值；以年龄开头：八十后的我们，成了别人眼中的"老阿姨"和"老叔叔"；以学历开头：硕士毕业的我们，还能在社会上横着走吗
描绘某种场景	场景可以暗示出人的身份，详述某一个场景可以带给身处其中或有场景经历的用户强烈的身份代入感	比如，"很多人都曾有过这样的经历：马路上遇到一个外国人问路，你却抓耳挠腮听不懂，最后只能说'sorry'。其实学外语并不难，掌握了方法，三个月就能速成"

5.4.2　观点法

　　除了在开头设定身份给予用户强烈的代入感之外，自媒体创作者还可以采用观点法提升内容开头的吸引力：开篇便说出自己的观点，或者直接给出某一问题的解决方案，刺激用户站队。支持你的用户会立即往下读，因为你说出了他们的心声；反对你的人也会往下读，因为你刺痛了他们。

当然，这个观点不能是"你好我好大家好"的老生常谈，而应有价值点，有吸引力，甚至有点极端化，才能避免用户"一看就走"。具体而言，自媒体创作者可从三个方面入手，强化观点吸引力。

（1）差异化。平庸的观点，用户看了不会产生任何继续阅读的欲望，只有差异化的观点，才能让用户看到后产生好奇心，继续阅读下去。

差异化观点可以从四个方面拟定，如图5-11所示。

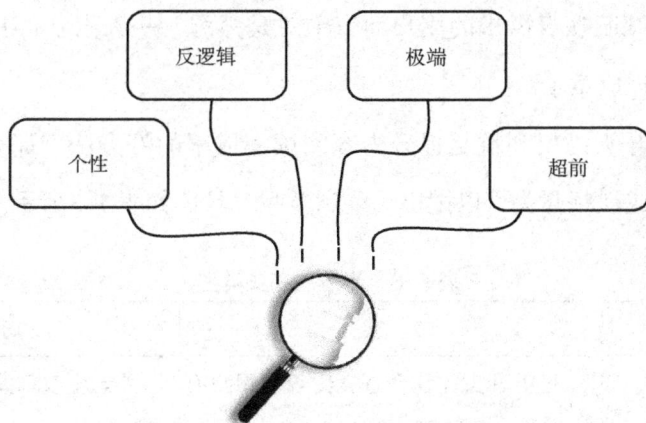

图5-11　差异化观点拟订方向

（2）争议性。有争议，用户关注的意愿才更强烈，参与进去的积极性才会更高。因此，自媒体创作者可以用争议性的观点开头，吸引用户继续阅读，刺激用户在评论中留言互动。

（3）货币化。内容开头的观点还需要有货币化特性，让用户转发后能够获得某种价值，这样用户阅读性才会更高涨，分享转发的积极性必然会大增。比如，"当你点击进来后，其实你就成了'思想者'"，用户看了后会产生成就感，继续阅读的欲望强烈，分享的积极性也更大。

5.4.3　利益法

在内容开头便抛出利益点，让用户明白自己能够从内容中获得何种好处。正所谓"重赏之下必有勇夫"，只要开头的内容足够诱人，用户继续阅读的积极性自然便会无限放大。

西瓜视频上的一条名为《15天瘦身15斤,我的减肥秘籍首公开》的视频，一天内点击量就突破了10万。之所以火起来，除了标题好外，和其在视频开头就抛出让用户怦然心动的利益也有很大关系。视频开头便向用户说道："减肥15天总结出4个瘦身秘籍，简单，有效，跟我学，每天瘦一斤"。这种开头对有减肥瘦身需求的用户而言绝对是黑洞，一天内获得10万点击量自然也就顺理成章了。

可见，开头抛出利益是提升内容阅读完成率的好方法。那么自媒体创作者在文章或视频开头可以抛出哪些利益呢？具体如表5-3所示。

表5-3　利益法开头类型

类型	内容	例子
与你相关	这类开头往往会直言内容和用户有关联性，给予用户继续阅读的暗示	养老金改革关乎你我他，看看退休后你能拿多少钱
对你有用	这类开头会给予用户强烈的价值暗示，告诉用户"下面满满都是干货，看了就赚"	分享自媒体写作干货，有用，易操作，看后文章轻松获得10万阅读量
不看后悔	开头就是向用户表明内容关系到他们的实际利益，对他们的生活和工作帮助很大	看完这篇文章，少走十年弯路，不信绝对后悔

5.5　营造场景感，提升用户阅读体验

口红广告几乎都会汇集女性不停涂抹口红的动作，调味品的广告总是一家人在厨房欢聚的镜头，德芙的广告总是一对男女在含情脉脉……这些广

告本质上都是在创造用户的使用场景，吸引用户下单。写文章、拍视频也是同样的道理，我们的内容要善于和用户的日常生活、工作场景等关联起来，化抽象为形象，如此用户才更易理解，我们才能最大限度地降低传播成本。

那么如何在内容中构建场景呢？自媒体创作者可以通过三个方法打造内容场景。

5.5.1　关联用户过往记忆

每个人大脑中都储存着记忆画面，假如我们的文字和视频能关联上用户大脑中的某种记忆，那么其自然会脑补很多场景，继而产生共鸣。因此，自媒体创作者要善于唤醒用户头脑深处的一个个场景，如吃妈妈做的饭，不经意间看到父亲老去的背影，等等。

（1）关联某一时间段内的用户记忆。时间的脚步从不停止，因此每个人心中都有着属于自己年代的共同记忆，自媒体创作者可以关联这些共同记忆，构建场景，引发用户共鸣。比如，关联"80"后看过的经典金庸武侠剧，关联"90"后的二次元漫画，等等。

（2）关联某一地点的用户记忆。在某一特定地点或某一区域内发生的事情，可以有效刺激到过该地或该区域用户，引发他们的回忆，主动构建场景。比如，畅谈西湖的传说，讲述自己在西湖的某一特殊经历，会引发去过西湖用户的记忆联想。

（3）描述现实与理想偏差的场景。理想很丰满，但现实往往很骨感，每个人都曾经历过理想和现实的脱节，当自媒体创作者展示出这种矛盾时，便会勾起用户相似的记忆画面，呈现出满满的场景感。

5.5.2　细致刻画

正所谓"所书即所见"，我们观察得越仔细，细节刻画越细致，内容的画面感就越强，给予用户的场景感就越真实。细致刻画的对象可以是某种环境，也可以是某个人物。

比如，某自媒体发布的一篇获得10万阅读量的文章，便非常细致地刻画了一位老人：他的面孔是黄里带白，瘦得叫人担心，好像刚刚生了一场大病。但是老人的精神却很好，脸上总是挂着温暖的笑，映衬着周围的皱纹，像极了秋日里盛开的菊花。老人的头发约有一寸长，一根根精神抖擞地直立着，钢针般地对着苍天呐喊……

再如，《舌尖上的中国》糯米稻花鱼的解说：稻花鱼去内脏，在灶上摆放整齐，用微弱的炭火熏烤一夜，现在需要借助空气和风的力量，风干与发酵，将共同制造出特殊的风味，糯米布满菌丝，霉菌产生各种酶，使淀粉水解成糖，最终得到爽口的酸甜。原本是普通人家饭桌上的常见菜肴，通过细节上的刻画，稻花鱼俨然超过了任何山珍海味，让大家看了口齿生津。

5.5.3 多用比喻和类比

比喻和类比能够让文字变得更形象、更生动、更具画面感。因此，自媒体创作者要善于根据事物之间的相似点，用具体的、浅显的、熟悉的事物和道理，来说明抽象的、深奥的、生疏的事物和道理。

比如，"他大学毕业后便背上了旅行包，十年走了一万八千里，比绕地球两周还多"，"一万八千里"是多少呢？很多用户对这个数字其实并没有什么概念，而将这个数字和地球的赤道长度做比较，则立即有了强烈的画面感，让用户更易理解数字的含义，产生"原来走了这么长距离"的感叹。

在使用比喻和类比时，自媒体创作者需要秉持两项原则，才能构建更真实形象的场景感。

（1）相似。比喻或类比的双方必须有某种相似点，不能生搬硬套，否则不仅构建不出场景感，还会让用户觉得不伦不类，难以理解，最终失去阅读或观看兴趣。

（2）熟知。比喻或类比，呈现出来的必须是大家熟知的、有感觉的，这样才能引发用户的想象。比如，用数字和地球赤道的长度类比，用户眼前便会更有画面感。

5.5.4 多用动词和名词

通常而言，动词很容易让用户产生具体的画面感，而名词也能让用户产生相关联想，让文字更有场景感。因此，自媒体创作者可以在内容中使用动词和名词，以此让文字看起来更形象，读起来更有场景感。

比如，写品尝美食的场景，自媒体创作者可以这样写：

灶台里的火跳来跳去，锅里的羊肉被炖得咕噜噜叫

鲜美的味道钻进鼻子里，惹得舌头上生出了口水

炒饭、虾仁和蛋花在锅里翻腾着，铲子和铁锅奏起了乐曲

葡萄美酒在杯子里打着旋

……

动词和名词的大量使用，使得美食烹饪和享用的场景感十足，大大刺激了用户的味蕾，带给了用户优美的阅读体验。

5.6 注入情感，引发用户共鸣

人是情感性动物，在品味情感的同时还在不断地表达情感。因此，内容的情感性越强，越易于打动用户内心，在他们头脑中留下深刻烙印。假如自媒体创作者的内容仅仅是罗列一些苍白的言语，看在用户眼中势必味同嚼蜡，没有丝毫欲望，甚至让用户产生反感。

那么如何才能拨动用户的情绪之弦呢?

5.6.1 选一个情感十足的话题

想要内容有情感,文句能戳中用户情绪触点,最有效的方法是选一个情感十足的话题,从源头上提升情感的浓度。

通常而言,自媒体创作者可以将情感话题分为三大类,如表5-4所示。

表 5-4 情感话题

类型	解释	话题举例
亲情话题	亲人之间血脉相连,彼此间的情感异常深厚。因此,亲情类话题总不缺少关注者,更易于在用户心中留下深刻印象	父爱如山,母爱似海 帮助我完成学业的哥哥 跨越千里突然出现在父母面前,他们是怎样一种表情
爱情话题	爱情是每个人心中刻骨的记忆,酸甜苦辣咸,每个人虽然对爱的感受不同,却都将其视为最珍贵的人生财富。因此,将深刻而又多彩的爱情生动唯美地展示出来,文字才更具浸透力和吸引力	海枯石烂,爱亦永存 跨越千山万水的相遇 爱虽累,我却甘之如饴
友情话题	人离不开社会,只要在社会中,便会和别人接触,在这个过程中便会产生友情。友情是人社会化的产物,是每个人都珍视的财富	那个在别人都嘲笑你时拉了一把的贵人 睡在我上铺的兄弟 一杯酒,一辈子

5.6.2 站在用户视角组织语言

视角不同,说话的出发点就不同,文字的感染力自然也就不同。因此,想要文字更有感染力,更具情感浸透力,自媒体创作者在写文章的时候就必须学会站在用户视角组织语言,说用户想听的话,写用户希望看的文字,拍摄用户认为有价值的视频。

头条号"思想聚焦"很善于站在用户视角写文章，将用户的心里话都写出来，将用户想说却不曾说或不敢说的话写出来，因此其内容通常情感性十足，能够迅速引发用户情感上的共鸣。比如，其发布的一篇文章，便借着电视剧《蜗居》中海萍和苏淳之口，将当下用户的高房价痛点淋漓尽致地说了出来，吸引了粉丝在评论区热烈讨论，如图5-12所示。

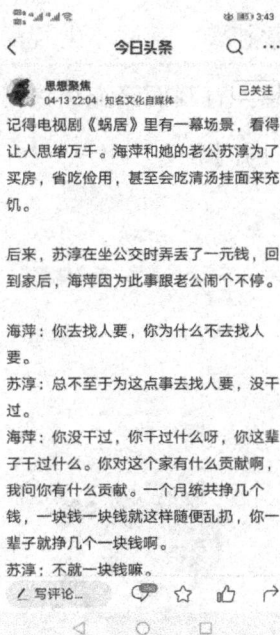

图 5-12　"思想聚焦"发布的文章

自媒体创作者如何站在用户视角组织语言呢？如图5-13所示。

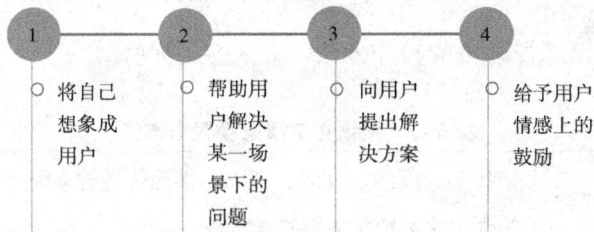

图 5-13　站在用户视角创作内容方法

5.6.3 巧妙运用写作方法

写作方法运用得当，可以在很大程度上增强文句的感染力，让字里行间的情感变得更有浸透力，直击用户的心灵。因此，自媒体创作者在铺垫情感时，需要灵活运用各种写作方法，以技巧强化情感，引发用户共鸣。

"漫画一姐"发布的一篇名为《女生有了男朋友，生活越来越差了》的文章，在写作方法上便非常新颖：不同于常规的文字形式，这篇文章采用了漫画的形式传递中心思想。直观而又充满诙谐幽默气息的漫画，营造了强烈的视觉冲击感，在第一时间吸引了用户，如图5-14所示。

图 5-14　"漫画一姐"的文章

强化文字情感浸透力的写作方法，如表5-5所示。

表 5-5　强化文字情感浸透力方法

灵活运用修辞手法	比喻、反问、设问、拟人、排比等各种修辞手法的运用可在很大程度上增强文句的情感力
熟练掌握表达手法	生动的叙述、细致的描写、自然的抒情、深刻的议论，可以将自媒体创作者想要表达的情感淋漓尽致地展现在用户眼前

续表

进行综合性描述	曲折的情节能够放大情感，长短结合的语句则可孕育情感，恰到好处的外貌、语言和动作描写能够让情感更形象具体，更具感染力，更动人心扉

5.7 精心排版，强化视觉体验

想要在激烈的竞争中脱颖而出，自媒体内容不仅要有质感、有干货，还要让用户看着舒服，让段落有层次感、画面感。因此，自媒体创作者必须重视内容的排版，以优美的内容展现形式给予用户更好的视觉体验。

5.7.1 文字：越简单越好

文字处理上，自媒体创作者需要秉持"简单即为美"的原则，减少用户的阅读成本，提升整体的视觉画面感。

（1）字体颜色要统一。所谓"大道至简"，人在阅读时需要集中注意力，而统一的字体颜色则能大大降低注意力的损耗。假如文字五颜六色、大小不一，用户看起来便会生出杂乱无章的感觉，无法集中注意力阅读。假如不得不使用其他颜色，最好不超过三种，并且要尽量保持同一色系或互补色系。

（2）字号以15PX为宜。需要注意的是，随着智能手机的普及，用户更习惯使用手机阅读，而14PX~16PX的字体更适合手机屏幕，标题或者小标题可选择16PX，正文以15PX字号为宜。

（3）行间距以1.5~1.75为宜。为了保证文字在手机屏幕上呈现出最佳视觉效果，内容的行间距以1.5~1.75为宜：较短的文章内容可选择1.5倍行距，较长的文章内容则可选择1.75行距。

（4）首行不缩进。在写文章时，传统的写法是每个段落的首行要缩进，但是因为手机的屏幕比较小，每行通常只能显示出十几到二十几个文字，并且许多平台的分段间距都大于行距，已经能够很直观地区别出段落。因此，自媒体的内容，每段首行是不需要缩进的。

5.7.2　段落：恰当划分

除了文字外，段落也是内容排版需要关注的重点之一。段落划分恰当，有层次感，用户看了才舒适，阅读体验才更好。

（1）首段不要太花哨。通常而言，文章开始一段是内容的引导部分，很多创作者习惯在这一段中设置一些小花样，诸如文章概述、作者简介、关注引导等，但是总体上应当遵循简单精练的原则，不宜太过花哨。假如涉及配图，最好不要使用竖图，因为竖图会占据太大版面，用户点击进来后看到的都是图片，没有任何文字，阅读体验自然不好。

（2）精练。为了最大限度地提升用户的阅读体验，每段文句不应太多，以三到五句话为宜。因为在碎片化阅读时代，用户普遍缺少阅读耐心，太过冗长的文字段落通常会大大降低他们的阅读兴趣。因此，内容的段落可以适当多一些，但是每段内的句子要少一些，要保证用户一口气就能看完。

5.7.3　图片：高清、适度、无水印

图片是内容中必不可缺的部分，图片运用得当，能够让文字描述更加形象生动，甚至在很多时候起到"一图胜千言"的效果。

（1）高清。内容中插入的图片，自媒体创作者首先应保证其足够清晰。要知道，只有清晰的图片才能生动形象地向用户传递信息，传输情感，假如图片模糊不清，不仅会阻断信息和情感的传递通道，还会大大降低内容

在用户眼中的可信度和可读性。

另外，图片的整体色调要统一，杂乱无章的色彩会在很大程度上影响用户的阅读体验，降低用户阅读内容的积极性。

（2）消除图片水印。内容中的图片如果有水印的话，看在用户眼中便会生产这样的疑问：图片是用别人的？二手货？如此一来，文章在用户眼中的价值便会大大降低，传播效果自然便大打折扣。因此，自媒体创作者在为内容配图的时候，绝对不能随便找几张图便觉得万事大吉，要确保所配图片没有水印。

假如自媒体创作者时间精力有限，财力物力有限，并不能确保所有图片的拍摄、设计，或无力从第三方购买。在这种情况下，如何将网络上有水印的公开版权图片变成可用资源呢？自媒体创造者可通过剪裁去掉水印。

剪裁图片通常需要六个步骤：

步骤一：下载图片处理软件。头条号创作者可以根据自己的喜好下载Photoshop和Firework工具，也可以利用QQ裁剪功能。

步骤二：导入图片。下载好图像处理软件后，自媒体创作者需要将待处理图片导入到软件中，找到裁剪工具。

步骤三：选择待裁剪水印。

步骤四：裁剪。对选择的裁剪水印进行裁剪，假如裁剪水印较多，可分批进行裁剪。

步骤五：保存。裁剪完成后，自媒体创作者需要保存图片，否则之前所有裁剪成果都会丢失。

（3）数量适中。内容中插入的图片并非越多越好，而是要根据行为需要适当配置。假如一味地堆砌图片，则会大大降低用户的阅读体验。

通常而言，三种情况下需要配图：

A.产品展示。需要展示产品的时候，一张图往往胜似千言万语，这个时候需要在介绍文字下插入产品图片。

B.场景再现。在用文字构建某一场景时，为了让抽象的文字更生动，自媒体创作者需要在文字下插入场景图片。

C.语句解释。当语句含义相当丰富时，自媒体创作者可以用图片注释语句，方便用户读懂，理解到位。

D.思想延伸。当需要延伸或升华内容所要表达的思想时，可插入具备憧憬性的图片。

6 涨粉：

三个月粉丝数破十万的
六个核心战法

自媒体有没有价值，关注的用户数量是一个最明显的指标——关注用户越多，说明账号流量储备越大，在用户眼中越有价值；反之，关注用户数量越少，说明账号流量储备越少，在用户眼中越没有价值。因此，自媒体创作者需要重视细分用户，善于圈粉。

6.1　找出能够快速裂变的初始用户

自媒体创作者想要快速涨粉，除了要有优质内容外，还要有裂变思维，将用户变为自身文章、视频等内容的"推销员"，通过用户吸引更多用户关注我们。简而言之，想要快速涨粉，我们必须借助用户的力量，找到裂变的"火种"——初始用户。找到了，找准了，我们的头条号也就有了推销员，便可"燎原"，速度聚集人气，在今日头条上打响知名度。

6.1.1　裂变力强大的初始用户

美国著名推销员乔·吉拉德身经百战，最终总结出一条"250定律"。乔·吉拉德认为每一位用户身后，大体上都存在着250名亲朋好友，假如赢得了一位用户的青睐和信任，便可能赢得250人的好感。

但并非每一个用户都对你的自媒体充满激情，充满信任，相信你能够一步步走远，最终成长为一棵参天大树。因此，自媒体创作者需要对用户进行筛选，特别是在自媒体创建初期，找到那些看好你的初始用户，然后推动他们裂变传播，借助他们的影响力吸引更多用户关注。

今日头条大咖"一个人穷游中国"专注发布旅游类文章和视频，其立志走遍中国所有的地方，感受民风，赏尽美景，吃遍美食，截至2019年12月，其粉丝数已经达到了164万。

"一个人穷游中国"之所以能够从一个最初只有几千粉丝的无名小号做到百万粉丝大咖，除了与勤奋的创作激情和个性满满的说话风格有关外，还和其善于挑选初始用户有很大关系。

"一个人穷游中国"重点回复的粉丝通常可以分为三类，如图6-1所示。

01 异常活跃的粉丝

02 见过面的粉丝

03 认证过的粉丝

图 6-1　三类重点初始用户

正是强化了这三类用户的互动，"一个人穷游中国"在用户心中的形象才变得更加高大，用户分享背书的积极性也变得更加强烈。在这些用户的影响下，更多人开始注意"一个人穷游中国"，并渐渐喜欢上了他。

一般而言，初始用户具有四个特征，如图6-2所示。

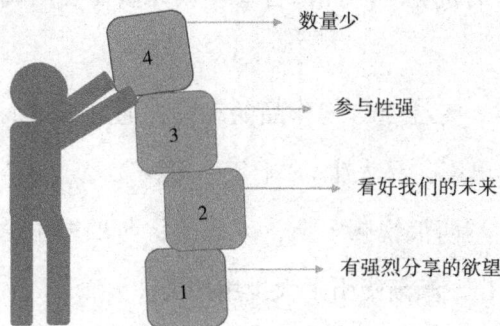

4 数量少

3 参与性强

2 看好我们的未来

1 有强烈分享的欲望

图 6-2　初始用户的四个特征

6.1.2 为初始用户画像

想要找到初始用户，自媒体创作者首先要弄清楚账号的初始用户是哪些人，需要具备何种标准。创作者可以通过建立用户基本模型的方法为初始用户画像，确定他们的大概轮廓。所谓"用户基本模型"，是指自媒体发布的文章、视频和问答等作品的目标对象的基本属性，如图6-3所示。

年龄：20~50岁
用户属性：经济独立、接受新事物能力强
场景：家里、公司、公交车、地铁等
偏好：手机发烧友，喜欢将手机作为工具

图6-3 目标用户基本属性

6.1.3 明确初始用户"出没地"

想要获取初始用户，自媒体创作者还需要找到他们经常出没的地方，如此才有"撒网"的机会。因此，自媒体创作者需要明确初始用户的"出没地"。

"十年一影视"，专注于影视作品的解读，通过细致而巧妙的剪辑，帮助大家更轻松地看电影，品人生。"十年一影视"经过调查，发现喜爱影视的用户大都聚集在"西瓜视频"上，因此便将西瓜视频作为主阵地，通过持续的优质内容输出，渐渐吸引了大批用户关注。

一般而言，自媒体创作者可以从三个方面入手，明确初始用户的出没地，如图6-4所示。

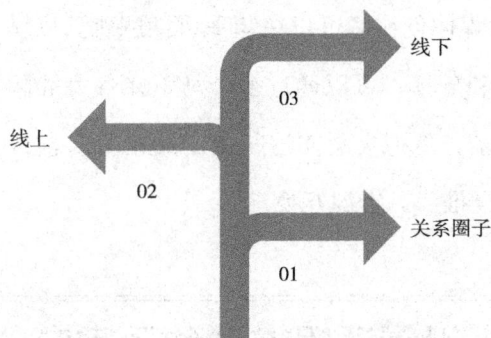

图6-4　种子用户的三大出没地

（1）关系圈子。"杀熟"是寻找初始用户最高效的方法，各种关系圈子也就成了捕获初始用户的好地方。现有的关系圈，可以是投资人、创始人、同事、朋友、同学等的社交圈子。

（2）线上。各大社区平台，诸如百度贴吧、知乎、豆瓣、微信公众号、微博、果壳等，只要创作者明确了初始用户的属性，就可以快速地在线上找到他们。

（3）线下。线下的初始用户聚集地主要用来进行地推，比如针对商务人群的内容可以选择城市的CBD，而针对大学生的内容，则需要去大学校园做地推。

6.1.4　选择最契合的获取手段

确定了初始用户的聚集地点后，自媒体创作者还需要选择最契合的获取手段"勾搭"他们，确保将初始用户绑定在自己的战车上。

（1）邀请。直接邀请初始用户参与内容策划过程或视频的拍摄。

（2）招募。自媒体创作者可以通过有偿招募和无偿招募法触达种子用户，吸引他们分享转发文章、视频信息。

A.有偿招募。自媒体创作者可以给予初始用户一定的物质激励，以此提升他们参与和分享的积极性，继而通过他们的口口相传或线上分享吸引更多用户关注。

B.无偿招募。自媒体创作者可以在知乎、百度贴吧、豆瓣上输出价值软文，吸引初始用户关注和分享；可以通过多个马甲在各大社区平台、QQ群、微信群和种子用户互动，看似无意间透露出产品相关信息，引发他们的兴趣；可以和其他平台联合推广，资源互换。

6.2　设置诱饵推动种子用户分享

种子用户虽然是自媒体天然的推销员，但是如果仅仅依靠他们自发的热情便想快速吸引用户关注，是远远不够的。聪明的自媒体创作者善于设置诱饵刺激种子用户分享，以实际利益最大限度地调动种子用户推荐、分享的能动性。

6.2.1　利益诱饵

没有利益的事情鲜少有人会投入资源和激情，而有利可图的事情从来不缺少关注者和参与者。因此，自媒体想要快速圈粉涨粉，聚合流量，便要设置利益诱饵，以利诱人，以实实在在的获得感将用户变为自己的代言人。

为了提升利益诱饵的吸引力，在设置利益诱饵时，自媒体创作者需要秉持六项原则，如表6-1所示。

表6-1　利益诱饵设置原则

原则	解释	举例
参与简单	自媒体创作者向用户输送的利益必须是触手可及的，而不用画饼充饥。用户只需要通过简单的操作便能获得	干货分享，用户只需阅读即可获得经验、技巧； 转发抽奖，用户只需动动手指便有机会获得心仪已久的产品

续表

原则	解释	举例
低成本	用户不用为获得利益付出任何成本，只需按照要求完成相关操作便可获得	分享后获得要求的点赞数即可获得红包
双赢	利益诱饵的设置必须要围绕自媒体核心诉求设置，在共赢的基础上才能持久	出于涨粉目的，邀请用户讲述和自媒体相关的故事，优秀者将获得大奖
可分享	设置的利益诱饵必须是可分享的，才能引导用户持续分裂，借助互联网实现病毒式传播	替用户发声的话题或提升用户身份感的内容
可积累	自媒体内容要有价值，或者能够建立帮助用户不断积累价值的制度	干货类内容和经验性话题；确立会员积分系统

在明确原则的前提下，自媒体创作者可以结合自身实际情况，从两个方面设置诱饵。

（1）赚钱。自媒体创作者只有让种子用户赚到钱，获得真金白银，才能调动起他们的裂变激情。假如自媒体创作者有自己的产品，那么可以将种子用户融入产品的销售链条中，让种子用户在消费的时候有钱可赚；假如自媒体用户没有自身产品，则可通过输出"如何赚钱"的解决方案，为种子用户赚钱指出方向，提供技术帮助，当然也可通过给钱、给物等方式直接给予用户利益。

（2）省钱。种子用户关注的利益除了赚钱之外，还有如何省钱，以最少的价钱购买最有品质的产品。因此，当自媒体创作者给予种子用户省钱的途径和机会时，他们分享转发的积极性会变得更加强烈。比如，拼团策略、限时抢购。

6.2.2　社交诱饵

除了实打实的利益诱饵外，自媒体创作者还可以通过社交诱饵推动种子用户分享转发，最大限度地圈粉涨粉。要知道，人是社会性动物，不管生活还是工作，都需要社交。基于此，社交诱饵往往可以帮助自媒体创作者超预期完成涨粉目标。

那么自媒体创作者如何设置社交诱饵呢？方法如表6-2所示。

表 6-2　社交诱饵打造

社交诱饵	内容	举例
社交指导	指导用户如何开展社交，如何高效地编织人脉网络，更好地通过社交获利	说好三句话走遍天下都不怕；如何和上司做朋友
存在感和优越感	越能提升用户的存在感，用户越有成就感，他们分享转发的意愿就越强烈	替用户发声，说出他们的痛点，彰显用户身份
利他分享	用户能够在帮助别人的同时获得强烈的社会认同感，因此越利他越容易被分享	针对用户痛点列出解决方案，分享干货和经验

6.2.3　情感诱饵

能够清晰地表达情感是人和动物的最大区别，相对于动物，人类对情感更加敏感，也更易于为情所困，为情所感。因此，自媒体创作者可以以情感诱饵快速俘获种子用户芳心，刺激他们的分享转发行为，吸引更多用户关注。

自媒体创作者要想最大限度地利用情感驱动种子用户分享，在设置情感诱饵时就必须遵守六个原则。

（1）炫耀。人人都有炫耀心理，都希望自己能够在别人眼中更有价值，更有成就感。因此，自媒体创作者可以将"提升用户在别人眼中的价值"作为推动其裂变的切入口，满足种子用户的炫耀心理，推动他们在社交平台分享。

（2）尊严。所谓尊严，就是让种子用户在转发过程中不丢人、零风险。比如，江小白的表达瓶，种子用户在转发时发出自己的声音，收获认同和尊严，这样一来，他们自然更乐于转发分享。

（3）表达自我认同。每个人都希望寻找到自我认同，当创作者的产品或话题有助于提升种子用户的自我认同时，他们自然会更乐于转发。比如，江小白包装上的语录，每一句都在为年轻人发声，他们自然乐于转发分享。

（4）同理心。通过种子用户关注的东西切入并了解他们的内心世界，让种子用户将创作者当成知心朋友。比如，海底捞为单独就餐用户提供陪伴熊，便成了社交平台上的网红。

（5）成就感。当种子用户转发亦或分享企业和商家的某一篇文章、某张图片、某一视频亦或某种链接时能够产生"与有荣焉"的感觉，他们自然更乐于转发分享。比如，江小白推出的定制瓶，上面印制着用户想说的话，便极大地调动了用户分享转发的激情。

（6）利他心。有价值的内容，种子用户认为分享之后能够帮助其他人，能够彰显自己的博爱，也会更积极地转发分享。

6.3 提升爆文产出率

优质内容是天然的涨粉黑洞，特别是内容达到爆文的高度时，便会形成滚雪球效应，引发更多用户关注你的自媒体账号。因此，自媒体创作者要想方设法提升爆文产出率，以爆文快速提升账号关注用户数。

6.3.1　找到爆款点

要想写出爆文或拍出爆款视频，自媒体创作者首先需要找到爆款点。所谓"爆款点"，顾名思义，就是能够引爆用户的热点、痛点和价值点，只要自媒体作者找到了这些爆款点，便能在第一时间锁定用户眼球，最大限度地推动他们转发分享。

李子柒之所以迅速火爆互联网，除了和其"远离喧嚣都市的古典美少女"人设有关外，还和其超高爆文产出率有很大关系。李子柒最初发布的三个短视频，因为抓住了"古风美食"的爆款点，播放量都超过了200万。对这种高品质的自媒体产品，用户不仅自己看得津津有味，还爆发出了惊人的分享欲望——无数人都被朋友圈中的李子柒刷屏！

爆款点的寻找方法，如表6-3所示。

表 6-3　爆款点寻找方法

方法	内容
抓住突发热点	突然发生的热点具备"新""奇""重大"等特征，可以在短时间内吸引巨大流量和关注。需要注意的是，针对突发热点的文章和视频要"快"，抢首发才能上头条，假如等到其他人说出了观点，再关注便没有任何意义
找到普遍痛点	痛点能够精准地触达用户，引发用户的强互动。热点并非每天都发生，但是痛点却时时有，只要抓住了痛点，提出了新颖的观点或解决方案，便能快速抓住用户眼球，推动他们产生分享行为
掌握流行点	当前或未来的流行元素是什么？针对自身定位和行业属性，自媒体创作者找到了流行点，也就抓住了用户的眼球，打造爆文的努力也就成功了一半

6.3.2 有创意的标题

标题是文章或视频的灵魂，其对内容表述的好坏，将直接决定文章或视频在用户眼中的第一印象。因此，自媒体创作者想要打造爆文，必须做好标题的创意，确保能够在第一时间激发用户的阅读或观看兴趣。

那么如何打造创意标题呢？方法有四种，如图6-5所示。

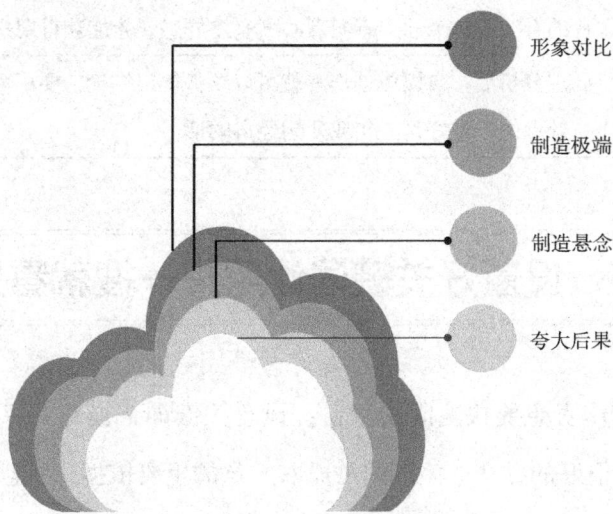

图 6-5 打造创意标题的四种方法

6.3.3 合理安排框架结构

不管文章还是视频，想要打造成爆款，在构建安排上都必须合理。具体而言，框架手机是让文章或视频站起来的一个关键点，框架合理、清晰，用户读起来或看起来才能获得更好的体验。

框架的内容，如表6-4所示。

表 6-4 框架内容

框架内容	解释
观点	观点是文章或视频的灵魂，有了鲜明而诱人的观点，文章或视频在用户眼中才更有阅读或观看性，才更易于引发用户情感上的共鸣

续表

框架内容	解释
当下观察	每一个观点都需要一个或多个现象来论证，现象能够快速在用户心中树立起认同感和信任感，让用户感同身受，继而推动用户产生分享行为
分析	分析显现包含的信息或背后隐藏的本质，引出自己的看法。自媒体创作者的看法要有个性，有同理心，有差异感，才能获得用户认同
结论	层层分析后，自媒体创作者就可以顺势得出结论，要尽可能精练，要能一针见血，最好是一句或几句经典的话

6.4 设置好关键词让用户一搜就看见

自媒体创作者想要快速圈粉涨粉，设置关键词，提升文章和视频搜索首位度是一个很好的办法。关键词是抓取文章的重要依据，关键词设置得当，可以让文章和视频在第一时间被推荐到用户眼前，自媒体获得用户关注的概率自然大大提升。

6.4.1 自媒体常用关键词

微信公众号"插座学院"发布的一篇名为《一场疫情，帮我清理了朋友圈》的文章，发布三天阅读量破10万，在这篇文章的带动下，公众号粉丝数也步入了一个快速增长期。"插座学院"之所以能够取得如此高的涨粉成绩，一方面归功于其持续的高品质内容输出，另一方面也得益于其娴熟的关键词运用。

《一场疫情，帮我清理了朋友圈》，短短12字组成的标题中，就出现了"疫情"和"朋友圈"两个关键词。新冠肺炎疫情让每个人对生活和工作都有了更深的感触，朋友圈中的人，谁是真朋友，谁是假朋友，在疫情之火的考验下变得更加明晰。

对自媒体创作者而言，在文章或视频中经常用到的关键词一般有三种，如表6-5所示。

表6-5　自媒体常用关键词类别

类别	内容	举例
领域关键词	是指能够明确文章、视频等内容所属领域的核心词语	育儿、教育、历史、诗词、自媒体、营销、情感、法律等
热门关键词	是指现实生活或者互联网上的热点词语，它们往往具备较强的流行力，出现在任何人眼前都能引发亲切感	自媒体领域中的赚钱、小白、大牛、爆文，育儿领域内的宝宝、呆萌，美食领域内的秘制、香脆、美味，网购行业内的种草、潮流，等等
时间关键词	是指表示时间的词语	今天、立刻、马上、转眼、统筹、高效
地域关键词	是指表示地域范围的词语	山东、山西、宁夏、湖南、海南
情绪关键词	是指表达情绪强度的词语	感谢、震惊、泪目、鼓掌、雀跃

6.4.2　提炼适合自己的关键词

想要运用关键词提升被平台抓取和推荐的概率，自媒体创作者首先需要结合自定位找到契合的关键词。比如，自媒体定位为"淘宝省钱大典"，那么自媒体创作者在写文章或拍摄视频时便需多用"20搞定""绝对一折"之类的词语强化"省钱"理念，以此吸引追求高性价比用户的眼球。

具体而言，自媒体创作者可以通过三个简单而有效的方法提炼关键词。

（1）从正文内容中提炼关键词。自媒体创作者可以将之前写的文章按照阅读量从高到低进行排列，将这些文章的标题进行关键词提炼，然后再将这些关键词进行类比分析，找到出现次数最多的词语。这种方法提取的关键词最准确，因为这些关键词反映了用户最想看的内容。

（2）从用户朋友圈中提炼关键词。自媒体创作者要尽可能地将用户加为微信好友，如此一来自媒体创作者便能查看用户的朋友圈，分析他们的喜好。通过分析用户热衷分享的内容，自媒体创作者能够准确地抓住他们的需求倾向，从而准确地提取到关键词。

（3）从用户评论中提取关键词。用户在看完文章、视频等内容后留下的评论对自媒体创作者而言是巨大的财富，里面隐藏了用户的需求。自媒体创作者可以通过整理分析，从中提取到准确的关键词，及时调整自媒体内容，确保文本内容和用户实际需求相契合。

6.4.3 文章、视频布局关键词三法

自媒体创作者如何在文章和视频中布局关键词以提升文章的搜索首位度呢？具体而言，自媒体创作者可以通过三个方法进行布局，如表6-6所示。

表6-6 自媒体创作者常用方法布局

方法	内容	举例
标题或简介布设	在文章或视频的标题或简介中布设领域关键词，提升文章或视频的垂直度	自媒体人必须掌握的三个订题拟订技巧
内容反复强调	文章或视频的开头、中间和结尾有计划地重复关键词	比如，情感类文章不断重复"夫妻""父母""朋友"等
圈定地域或人群	针对特定区域或人群时，可以加入地域关键词或身份关键词	比如，"北京租房""新上海人""月光族"等

6.5 留存：引来用户留不下就是做无用功

现代管理学之父德鲁克曾经说过：企业的使命是创作并留住顾客。其实对自媒体而言，在涨粉的同时，也需要留住他们——吸引进来意味着万里长征迈出了第一步，能够将粉丝留下来，自媒体才算成功了一半。假如吸引过来的粉丝一段时间后便取消关注，离你而去，那么创作者之前付出再多都成了无用功。因此，自媒体创作者必须充分重视粉丝留存。

6.5.1 强化用户存在感

马斯洛的人类需求五层次理论指出：人在满足了最基本的生存需求后，会追求更高层次的需求，诸如存在感。因此，想要留住粉丝，自媒体创作者必须给予用户强烈的存在感，让用户觉察到自己的价值。

那么自媒体创作者如何提升粉丝的存在感呢？具体而言，我们可以从三个方面提升粉丝的存在感。

（1）故意说错写错。发布于自媒体账号上的文章、视频、问答中可以故意说错一句话，回答错一个常识性的问题，亦或故意写错一个字，让用户抓到"把柄"。用户在发现文章、视频、问答等内容的错误后，往往会在评论区纠错，如此一来，用户便找到了自己的存在感，而自媒体也提升了人气，和用户间的感情也会因为一次次的"纠错"而持续升温，继而建立起更加强烈的情感连接。

（2）选择有争议的话题。文章、视频和问答的话题有一定的争议性，才能刺激用户的参与感，将他们吸引到话题的讨论中，让他们获得强烈的成就感。因为话题越有争议，用户维护自己偏向观点的决心就越强，而观点的碰撞就会大大提升用户的存在感，让他们更关注你的存在。

（3）开放性问题。自媒体在文章、视频和问答中提出的问题要有开放性，适当留下一个"缺口"，让用户来补充，这样便能给予用户更强的存在感。比如，创作者可以在文章亦或视频中提出这样的问题：足球屡战屡败，但是球员却拿着高薪，对此你怎么看？你最喜欢的一句歌词或者台词是什么？你知道中秋节最适合赠送什么礼物吗？最能唤醒你记忆的一句话是什么？

6.5.2 提升用户参与感

让用户参与进来，才能最大限度地满足用户"在场介入"的心理需求，提升他们对自媒体内容的亲近感和信任度。简而言之，自媒体内容要有参与感，参与感越强，用户的体验越高，情感归属自然也深，忠诚度也会变高。

提升用户的参与感，最有效的方式是建立一个可以接触、共同拥有且一起成长的自媒体品牌。参与感能够扩散的背后是"信任背书"，是弱关系向更具信任度的强关系进化的过程。

具体而言，自媒体创作者可以通过三个方法提升用户参与感，和其建立更牢固的情感连接，如图6-6所示。

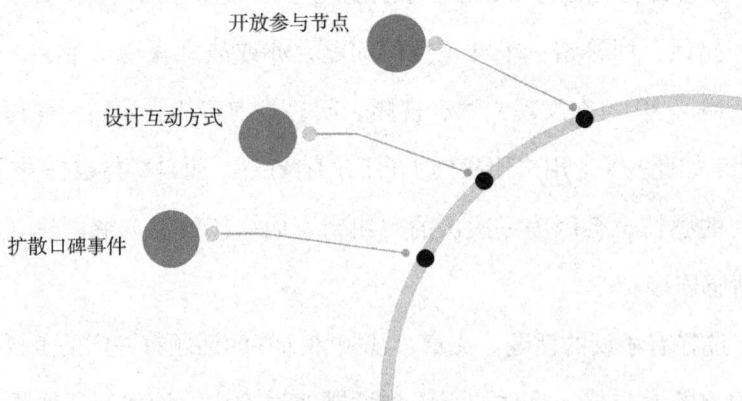

图6-6 提升用户参与感方法

（1）开放参与节点。比如，自媒体创作者可将拍摄视频的过程向用户开放，让用户通过竞争成为视频中的某一角色，亦或为视频故事情节提供血肉。自媒体创作者也可以向用户征集文章、视频的创意、主题等，将文章、视频变为自己和用户共同努力的产品。

（2）设计互动方式。根据开放的节点进行互动设计，互动应遵循"简单、获益、有趣、真实"的设计思路，才能吸引更多的用户关注和参与。比如，周期性举办有奖征集创作主题活动，或者评论有奖活动，等等。

（3）扩散口碑事件。自媒体创作者需要先筛选出一批最认同我们文章、视频和问答的粉丝，小范围内发酵参与感，将基于互动产生的内容做成话题和可传播的事件，让口碑产生裂变，吸引更多的用户参与，同时可最大限度地放大已参与用户的成就感，让参与感形成螺旋扩散的风暴效应。

6.5.3　给予归属感

只有让用户产生归属感，自媒体账号才能成为粉丝心中的情感家园。因此，自媒体创作者的文章和视频要富有归属性，要能让用户找到家的感觉，亦或让用户在情感上产出强烈的认同感。

今日头条用户"鞋底骑车去巴黎"所发布的文章和视频，因拥有一种自由不羁的情怀，从而吸引了大批粉丝的关注。

"鞋底骑车去巴黎"立志从中国一路向西，骑着自行车到达欧洲的巴黎。一路上，沙漠、戈壁、雪山、城镇、都市等都留下了他的身影。他发布的文章和视频都是其在各地的见闻，包括各地的饮食和人文风俗，为大家真实生动地展示了沿途各国特有饮食和人文差异。

"鞋底骑车去巴黎"表现出来的这种"敢于只身走天涯"的情怀，深深地吸引了大家的目光，让粉丝产生了强烈的代入感和归属感——谁心中没有一个单骑走天涯的梦想呢？大家通过观看他发布的视频，仿佛自身也摆脱了枯燥的工作和快节奏的生活，仿佛自己正在领略各国美丽的风景。

（1）营造一种情怀。情怀是归属感的灵魂，很多时候，正是受到某一情怀的感染，用户才会对自媒体账号产生家园感觉，继而产生浓厚的归属感。因此，自媒体创作者发布的内容要想在用户心中更具归属感，就必须营造一种情怀，如爱国、怀旧、执着、无畏，等等。

如何营造情怀呢？具体而言，我们可以从三点做起。

A.偶像化。将个人进行偶像化包装，创作者就很容易打造出某一情怀，如苹果的乔布斯、小米的雷军，都通过偶像化打造出了特有的情怀，吸引了大批用户关注。

B.展现年代特征。聚焦某个年代的人、事、物，追忆历史，既能缅怀逝去的美好，也能营造出怀旧的情怀，吸引和年代有交集的用户关注。

C.致敬青春。人人都曾经历过青春的美好，都希望永远处于青春的怀抱，创作者的文章、视频等内容可以聚焦粉丝的这种青春情怀，再现和青春有关的人和事。

（2）展现人文关怀。除了归属感外，自媒体创作者还需要对用户表现出一种人文关怀，要让用户感受到自身受到了尊重、重视，获得了价值。

如何才能展现出人文关怀呢？自媒体创作者可以从三点入手。

A.让用户看到自己的身影。要让用户从短视频中看到自己的身影，这样才能营造出强烈的归属感。自媒体创作者可以立足生活和工作，向用户传递一种人文关怀，诸如"作为房奴的你还好吗？""绩效考核下你如何才能快快乐乐？"之类的话题，就很能吸引用户关注，让他们产生归属感。

B.构建心灵上的安全感。自媒体创作者的文章和视频要给予粉丝一种心灵上的安全感，因为只有有了安全感，用户才更容易产生归属感。如可以发布一些心理学话题的短视频，帮助用户更好地平衡理想和现实，更好地面对内心的矛盾，等等。

C.打造仪式感。当自媒体创作者的文章、视频等拥有鲜明的仪式感时，便会让用户感觉更有趣，更有归属感。因此，创作者需要更好地打造仪式感，比如在拍摄视频时多拍一些运动镜头（如平移、推拉、震动、环绕等），另外还需要找到音乐的鼓点、转场卡点加音效。

6.6　促活：没有活力的用户都是僵尸粉

对自媒体创作者而言，并不是所有的用户都有价值，如僵尸粉，关注账号后不评论、不转发，这种不参与的态度对自媒体运营涨粉是一个非常大的阻碍。因此，自媒体创作者需要持续性地提升用户活力。

通常而言，用户会在两种情况下失去活力，变成僵尸粉，如表6-7所示。

表6-7　粉丝僵尸化原因

丧失兴趣	创作者发布的内容没有了吸引力，不能满足用户实际需求时，用户互动的积极性便会降低，渐渐失去活力。因此，自媒体创作者需要不断提升内容品质，提升自身被粉丝利用的价值
淡忘	内容更新不及时，用户渐渐失去关注兴趣；失去了平台"推荐力"的加持，失去了在用户眼前露脸的机会；发布内容和信息时间不对，不能第一时间出现在用户眼前，容易为后面的信息覆盖

因此，用户吸引过来仅仅是第一步，持续保证他们的活力才能让自媒体更有影响力。那么如何才能有效促活呢？具体而言，自媒体创作者可以从以下三个方面做起。

6.6.1　保持高强度互动

现实生活中，原本关系很好的朋友，由于不怎么联系，也会渐渐变成熟悉的陌生人。创作者和用户之间的关系也是如此，必须保持高强度互动，才能持续提升关系的黏性，保证用户的活跃性。

如何提升互动的强度呢？

（1）话题互动。想要提升互动强度，话题互动是一个简单有效的方法。比如，将一个热点话题融入文章标题中，激发用户的参与热情；拍摄美食类视频，选择做快手菜；健身类视频，选择无器械健身或办公室健身；时尚类视频，向大家介绍一些日常服装的穿搭技巧，诸如"怎样将一条淘宝款牛仔裤穿成潮牌"……这类话题性较强的内容，能够快速激发用户模仿、转发、评论的兴趣。

（2）适当制造争议。话题具有一定的争议性，往往能够在很大程度上提升文章、视频、问答等内容的互动性，吸引用户更积极地参与到话题讨论中。

比如，"方便面吃出美食味道"，这一话题便具有非常强的互动性——作为日常生活中很常见的一种备用食物，方便面虽然带来了便利性，但在口味和营养上却有点欠缺。"将方便面吃出美食味道"这一话题便基于这一痛点，在第一时间激发了用户的好奇心。方便面能做得好吃、做出营养吗？隐藏在话题中的这个深层次的问题，带有很大的争议性。方便面之于人们，除了便利性之外，还带来了哪些正面的影响？这种争议性会极大地激发用户的互动欲望。

（3）第一时间回复用户。自媒体创作者要尽可能地在第一时间回复用户留言，以一个"快"字让用户产生强烈的好感。回复得越快，代表你对用户重视程度越高，他们对你的好感度自然也就会更高。

（4）顺应用户期望。有时候，用户的评论可能比较尖锐，这个时候自媒体创作者要做的不是针尖对麦芒，而是要顺应他们的期望，彰显你按照他们期望不断改进的决心。简而言之，就是顺着用户的思路进行互动，以营造更加强烈的期待感。

（5）穿插引导。在阐述话题时，自媒体创作者还可以进行互动性引导，提升粉丝互动的欲望和积极性。比如，你想要发布一条制作冰淇淋的视频，可以在视频中加入一句互动性的话："大家吃过的最好吃的冰淇淋是什么口味的？欢迎大家留言互动！"

（6）向用户征集创意。我们还可以向粉丝征集某个主题的创意，收集最好的灵感，然后进行加工。这样粉丝就会参与到话题内容创作中，其参与感自然爆棚，互动的积极性也会大增。

6.6.2 利用活动提升用户活性

活动是避免用户成为"潜水党"或"僵尸粉"的良药。有活动，自媒体创作者才能和用户"面对面"，才能给予他们更多利益，继而提升他们点赞、评论和分享的积极性。

"指法芬芳张大仙"是知名游戏领域创作者，在持续输出高质量游戏内容的同时，其还周期性地开展各类活动，利用活动提升用户的活性，推动用户裂变。比如，其在2020年1月24号举办的送红包活动，用户只要转发评论点赞即有机会获得688元的大红包。这一活动信息吸引用户转发2.4万次，留下了3.8万条评论，点赞数3.1万，如图6-7所示。

图6-7 "指法芬芳张大仙"的活动信息

可见，活动可以有效提升用户分享裂变能动性。那么在实际操作时，创作者可以开展哪些活动呢？

（1）发起竞技性、挑战性活动。竞技性、挑战性的活动，在充满趣味的同时，还具有强烈的代入感，能够在很大程度上满足粉丝的好奇心，激发他们的竞争意识。因此，充满挑战、竞技元素的活动往往更能激发粉丝的关注，提升他们的参与感。比如，答题竞赛、抢楼挑战赛等。

竞技挑战性活动的具体要求有以下两种，如图6-8所示。

01 活动要有一定难度

活动要有吸引人的奖励 02

图 6-8　竞技性活动要求

A.活动要有一定难度。活动必须要有一定的难度，这样才能激发用户的挑战欲。这类活动最好在标准上"上不封顶"，从而给予用户充足的自由发挥的空间。

B.活动要有吸引人的奖励。既然是挑战性的活动，那么就必须要设置一定的奖励，才能最大限度地激发用户的参与感。奖励可以是精神上的，如授予前三名某种荣誉称号；也可以是物质上的，如给予前三名一些物质奖品。

（2）创意众筹活动。所谓"创意众筹"，是引导用户汇聚创新思维的一种新颖的活动类型。自媒体创作者可以发起一个创意十足的活动，引导用户展示自己的奇思妙想，鼓励他们上传拍摄的相关视频，从而引爆用户参与感，促使他们更积极地转发分享。

想要做好创意众筹活动，自媒体创作者需要做好三点，如图6-9所示。

提出一个创意性话题　　设置明确的标准　　设置吸引人的奖品

图6-9　创意众筹活动要点

A.提出一个创意性话题。自媒体创作者发起的创意众筹活动必须要有一个吸引粉丝关注的话题，才能在第一时间吸引用户的关注，激发大家的参与感。

B.设置明确的标准。什么样的创意才算合格？要给出明确的标准，这样用户才会有清晰的方向，才能挖掘出更高质量的创意。

C.设置吸引人的奖品。有奖品的活动才更能吸引粉丝参与，因此，自媒体创作者的创意众筹活动需要设置相应的奖品，激发用户参与和分享的欲望。

6.6.3　物质刺激

正所谓"天下熙熙皆为利来"，适当的物质刺激是提升用户活跃度的有效方法。刺激用户活性的"物质"，既可以是实体性的，也可以是虚拟性的。自媒体创作者可以根据自身实际情况灵活选择。

具体而言，自媒体创作者可以用三种方法给予用户物质刺激，如表6-8所示。

表 6-8　给予用户物质刺激方法

方法	内容
红包	每隔一定时间向用户发一次红包，利用金钱直接刺激用户，激发用户的参与感和归属感
抽奖	每隔一段时间举办一次抽奖活动，奖品要尽可能吸睛，有价值，刺激用户的参与感，最终达到强化用户活性的目的
寄卡	很多人都觉得贺卡的价值较小，寄送贺卡对于促活而言没有多大的作用。其实不然，寄送贺卡的目的在于物质和情感双触达，让用户倍感欣慰

6.7　"返利法"吸引流失粉丝重新关注

很多时候，一些用户会因为某种原因取消关注，但是这部分用户对我们而言还有很大的价值，有助于自媒体未来的发展。这个时候，自媒体创作者就需要采取一些措施，召回这些用户，让他们成为"吃回头草的好马"。

6.7.1　两种不适合召回的"前粉丝"

并不是所有取消关注的用户都能顺利召回，想要高效地召回用户，召回目标必须精准，保证不浪费有限的时间和精力做无用功。因此，自媒体创作者必须了解哪些用户是不可能召回或不值得召回的，然后才能避开大坑，事半功倍地召回价值用户。

一般而言，三种用户并不值得创作者花费大量时间和精力召回，如表 6-9 所示。

表 6-9　不适合召回粉丝

时期	类型	说明
初期	直接离开的用户	这类用户往往只是扫几眼就离开，没有具体深入地了解内容设置便直接判定了账号死刑，因为先入为主的观念很难改变，所以召回价值不大
中期	不契合内容定位的用户	这类用户虽然对自媒体账号内容有了一定的了解，但其兴趣或需求和自媒体定位不契合，因此召回价值也不大

需要注意的是，后期流失用户则一定适合召回。因为用户关注时间较长，互动正常，他们离开的原因并非需求和自媒体内容不契合，而是和竞争对手拉拢或者自媒体产品功能迭代缓慢有关。通过提升内容品质、返利和强化用户互动，这部分流失用户是完全可以召回的。

6.7.2　构建流失用户特点模型

了解了哪些用户值得召回，哪些用户不值得召回后，我们还需要找到流失用户的共同特点，构建出完善的流失用户特点模型，才能更好地了解他们，有针对性地采取召回措施，完成高效召回。

那么如何才能精准地收集流失用户的共同特点继而构建模型呢？在实际操作中，自媒体创作者可以从四个方面入手，如图 6-10 所示。

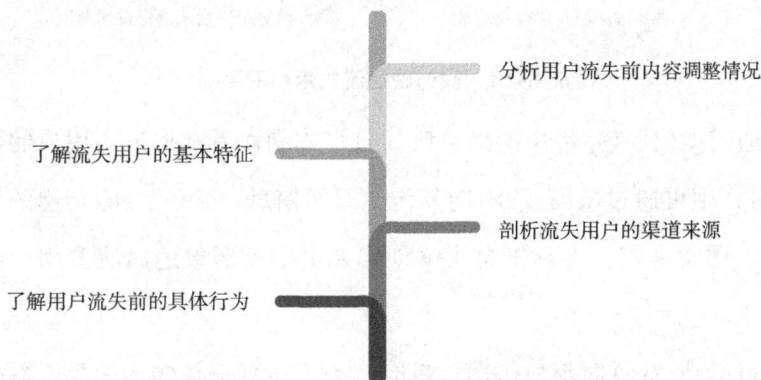

分析用户流失前内容调整情况

了解流失用户的基本特征

剖析流失用户的渠道来源

了解用户流失前的具体行为

图 6-10　构建流失目标用户模型方法

6.7.3　三步走策略召回用户

在具体召回用户时，我们可以采用三步走策略，步步为营，触达用户，唤醒用户，绑定用户。

（1）通知触达。想要召回用户，自媒体创作者首先要向其传递召回信息，有效触达。基于此，自媒体创作者需要以更加醒目、直接的方式唤醒用户。

具体而言，自媒体创作者可以用三种方式向流失用户传递信息，具体如下三种：

A.通过短信传递信息。在掌握流失用户手机号的前提下，自媒体创作者可以通过短信向他们传递信息。短信传递信息的优势很明显，其送达率和打开率都非常高，能够将召回信息快速高效地展示在用户眼前。

但是需要注意的是，短信大都以文字为主，比较单调，频率太高，会引发待召回用户反感。因此，在具体操作时，自媒体创作者需要秉持四个原则，如图6-11所示。

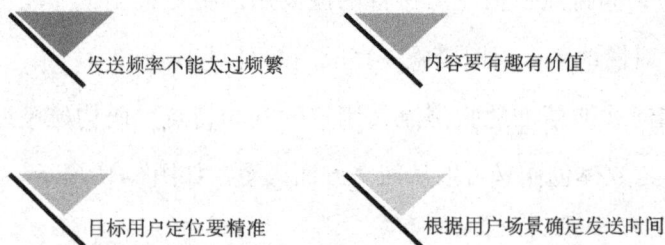

发送频率不能太过频繁　　内容要有趣有价值

目标用户定位要精准　　根据用户场景确定发送时间

图6-11　短信触达流失用户四原则

B.通过微信、QQ传递信息。假如自媒体创作者掌握流失用户的微信号或QQ号，则可通过微信或QQ向其传递召回信息。微信、QQ传递的信息形式多样，图文丰富，有利于自媒体创作者更生动形象地向流失用户高效地传递信息。

通过微信、QQ向用户传递信息时，为了达到最佳触达效果，自媒体创作者需要秉持三原则，如图6-12所示。

优先使用视频，音频传递信息

图文并茂

时间恰当，频率适度

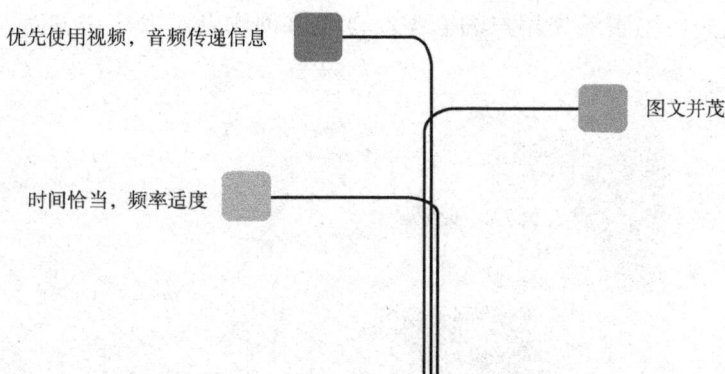

图 6-12　微信、QQ 传递信息三原则

C.通过电子邮件传递信息。电子邮件可以传递类型多样的内容，诸如文字、图片、音频、视频、网页链接等。需要注意的是，为了提升流失用户的打开率，电子邮件需要有一个吸睛标题。

（2）给利。想要召回流失用户，仅仅有信息触达是远远不够的，还需要给予用户一定的利益。正所谓"天下熙熙皆为利来"，有利益，流失用户回归的热情才会高涨。

自媒体创作者可以从三个方面给予流失用户利益，吸引他们重新关注，如图6-13所示。

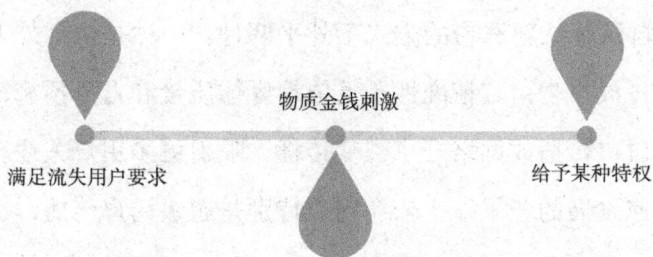

物质金钱刺激

满足流失用户要求

给予某种特权

图 6-13　给予流失用户利益的三个方法

（3）暖心。在利益刺激后，自媒体创作者还需要在精神上温暖流失用户，给予他们某种归属感和获得感。只有让流失用户感受到价值和归属，他们的好感才会回归，重新关注的可能性才会大大提升。

那么如何温暖流失用户的心呢？自媒体创作者可以从三方面入手，如图6-14所示。

图 6-14　暖心三法

6.8　超级用户才是自媒体成长的基石

当前，自媒体拉新涨粉的方式不外乎两种：一种是依靠外力获客，比如在媒体上投放广告，其精准性严重依赖媒体质量和自身预算；第二种则是依靠用户口口传播或网络分享裂变传播，吸引更多用户关注。在当前移动互联网快速发展的背景下，依靠用户特别是超级用户传播，也就成了自媒体成长的基石。

那么什么是"超级用户"呢？相对于普通用户，超级用户为自媒体带来的价值不仅之于阅读量、点击率、评论数和点赞，还有在强烈情感支配下的口碑分享和推荐行为，这些是无法以金钱衡量的。因此，超级用户越多，自媒体内容的分裂传播能力就越强，IP打造就越简单。

6.8.1 超级用户特征

超级用户和普通用户相比，他们对自媒体账号更为热爱，登录频率更高，甚至到了痴迷的程度。

火山号"僵小鱼"，穿着长袍，布满蓝色、黑色的圆圈，一张可爱的脸，让人看了满眼都是"萌"字。僵小鱼天性自然，呆萌可爱，纯真却富有同情心，有时无知，尤为害羞。善良、怜悯，能积极看待事物，并常常对周围的人产生积极的影响。

僵小鱼的萌和善良吸引了大批追随者和崇拜者，这些超级粉丝不仅天天关注僵小鱼，一有新作品便在第一时间观看、评论和点赞，而且分享的积极性超高，经常将僵小鱼的作品转发到各大自媒体平台上，形成了持续的引爆效应。

这些超级粉丝把僵小鱼的话当成了语录，通过互联网分享，形成了一股"小鱼语录"潮流。比如，有超级粉丝专门拍摄了一个短视频，就为了模仿僵小鱼说一句"醒来的世界很美，有没有人曾经告诉你，雨，是甜的，虽然只有孤单的我自己。但是我想，雨，总是这么着急地落下来，肯定是为了在这与我相遇"。

一般而言，超级用户相对于普通用户，有三个鲜明的特点。

（1）更愿意消费自媒体产品。相对于普通用户，超级用户更愿意花钱购买产品，诸如付费专案产品、微商城货架上的商品等，而且他们还拥有很强的行动能力，乐于通过口口相传或在社交平台上分享自媒体。

（2）不仅花钱，而且投入情感。超级用户除了花钱消费自媒体产品之外，还对自媒体账号投入了较深的情感，他们发自内心地喜爱自媒体人设，能够从自媒体输出内容中获得更多的情感归属，因此他们更愿意为自媒体信任背书。

（3）识别度高。因为忠诚自己喜欢的自媒体，积极在社交媒体上为自媒体品牌、内容、服务等背书，因此超级用户往往能够影响大批普通用户，为自媒体账号带来更多的关注。比如"李子柒""辛巴"的粉丝会在微信朋友圈、微博、头条、抖音上宣传他们的偶像，甚至为了偶像和别人进行辩论。

由此可见，超级用户对自媒体圈粉涨粉而言是非常重要的，创作者拥有的超级用户越多，裂变能力就越强，能够覆盖和影响的用户就越多，打造个人IP的速度就越快。

6.8.2　打造超级用户三法

既然超级用户之于自媒体细分圈粉以及打造IP有着如此重要的作用，那么创作者如何培养自己的超级用户呢？超级用户的打造并非是一蹴而就的事情，而应从建号伊始就做好准备，并通过持续提升体验逐步培养。

方法一：明确定位。定位之于自媒体就是做出差异化，让自身拥有竞争对手所没有的优势，让你的账号在用户眼中有卖点，有个性；定位就是解决一部分用户群体的需求问题，更好地满足这部分人的刚需，消除他们的痛点。因此，定位越明确，自媒体账号对用户的吸引力就越大，将普通用户转化为超级用户的可能性就越多，转化效率就越高。

"僵小鱼"的战略定位便非常明确精准，以呆萌可爱为用户带来满满的情感治愈能量。这种精确的定位为其赢得了无数年轻用户的好感，再加上互联网思维的加持，让僵小鱼获得了大量年轻超级用户，继而得以快速裂变。

方法二：发现用户刚需，有针对性地满足。自媒体创作者通过调研、分析、测试等方法发现用户刚需，并有针对性地生产相应内容，满足他们的需求，时间久了，自然会受到用户的喜爱和信任，继而最大限度地提升他们的忠诚度，将他们转化为超级用户。

发现用户刚需的流程，如图6-15所示。

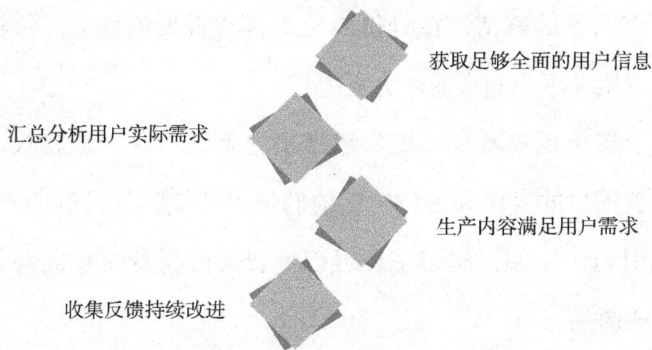

图6-15 发现用户实际需求流程

（1）获取足够全面的用户信息。自媒体创作者可以通过用户调查、用户访谈方式亦或直接从行业专家处获得一些目标用户的基本信息，诸如市场的规模、特点，用户的行为是高频还是低频，用户具有何种特征、喜好，他们的职业、收入水平等。

（2）汇总分析用户实际需求。自媒体创作者要以收集的数据作为判断依据，找到垂直细分领域的关键词。需要注意的是，自媒体创作者在统计和总结时，需要以更全面的视角看待用户的需求，避免掉入伪刚需陷阱。比如，有些用户喜欢看段子，去满足这一需求的话其实并不能吸引多少用户，因为喜欢段子仅仅是用户的表面需求，娱乐放松的内容才是他们的真实需求。

（3）生产内容满足用户需求。找到了目标用户的需求，自媒体创作者就需要立即行动起来，有针对性地生产内容，解决用户在生活中碰到的实际问题，给予他们满满的获得感。

（4）收集反馈持续改进。用户的需求是动态的，并非一成不变。因此，自媒体创作者需要周期性收集用户的反馈，针对用户意见持续提升内容品质，迎合用户新的需求和期盼。

方法三：让超级用户有地位。自媒体创作者要让用户感觉到，成为超级用户是非常有面子的事情，在身份地位上将有很大的提升。这样一来，普通用户升级为超级用户的意愿才会更迫切。

（1）给予超级用户特权。成为超级用户可以享受更多特权，这无疑会显著提升超级用户的身份和地位，让他们觉得"长脸"，同时对普通用户产生强烈的吸引力。比如，超级用户可以免费阅读付费专栏内容或五折购买商城货架上的商品。

（2）让超级用户获利。身份和地位上的特权会让超级用户心理上获得满足，实实在在的利益则会让超级用户在现实生活中更有尊严、更有地位。因此，自媒体创作者需要让利给超级用户，亦或将超级用户吸收到产品创作中，让他们获得实实在在的利益。比如，将超级用户发展为合伙人，一起生产专栏内容，分享销售红利。

7 矩阵：

多号组团联动促成爆发效应

俗话说"人多力量大",其实做自媒体也需要在数量上发力,毕竟一个账号影响力有限,但多个账号或板块组成矩阵,则可最大限度地覆盖用户,形成"1+1 > 2"的效果。因此,自媒体创作者需要结合自身实际,做好多号组团联动,促成爆发效应。

7.1 组团:从单方引流到多方互通

自媒体矩阵是指将多个自媒体账号有机地组合在一起,更好地打造个人品牌或推广企业产品。简而言之,矩阵就是开拓更多引流渠道而将多个自媒体账号有机结合在一起。

7.1.1 单方引流到多方互动

通过组建矩阵,自媒体核心账号能够和矩阵内其他账号形成蛛网式引流通道,继而为核心账号持续不断地输送新用户。有了源源不断的新用户,自媒体核心账号的影响力将会变得更大,自身才更有价值。

从事家族红木生意的陈子文对文玩抱有很大的兴趣,开始疯狂地看书、逛贴吧、泡论坛,积累了丰富的文玩知识。在此基础上,陈子文创建了微信公众号"御华文玩",专门输出文玩知识,向用户普及"开片""包浆""盘""挂瓷"等术语,传授文玩鉴别知识。

之后,为了提升关注用户数量,最大限度提升公众号覆盖范围和影响力,陈子文着手打造公众号矩阵,先后开设了"文玩攻略""绿松迷""南红迷""蜜蜡圈""古玩圈""文玩佛珠"等十几个公众号。

"绿松迷",为用户提供最新绿松资讯,全方位普及绿松知识;"南红迷",主要向喜爱南红的用户提供第一手资讯,科普南红文玩知识,分享收藏心得;

"蜜蜡迷"，专注于向用户输出蜜蜡专业知识，持续发布蜜蜡美图，为用户提供问题解决方案……

陈子文将矩阵内账号用户导流到核心账号"御华文玩"，为其源源不断地输送新用户，快速扩大了影响力。

自媒体矩阵内，其他账号和核心账号之间的流量聚集和流向，如图7-1所示。

图7-1 自媒体矩阵内流量聚集和流向图

7.1.2 扩大传播渠道

自媒体矩阵不仅能够实现次要账户向核心账号的持续流量输送，还能将信息由核心账号向次要账号的传播，借助众多次要账号完成裂变，覆盖更多用户。

矩阵扩大信息传播渠道，主要依靠两个途径实现。

（1）多平台分发。通过核心账号向各个平台上的次要账号分信息，借助各个平台覆盖不同类型、不同属性的用户。比如，矩阵核心账号建立在今日头条上，次要账号建立在抖音、火山等头条系平台上，头条号发布的内容同步到抖音、火山等平台。如此一来，可以最大限度地推动信息裂变，放大品牌影响力。

（2）多号分发。自媒体创作者使用同一平台上的多个账号分发信息，阶梯性裂变。比如，核心微信公众号首先发布内容，隔段时间后，将内容稍微修改，诸如文转图或图转文，发布在其他次要账号上，接力核心账号，再次炒热内容，最大限度地提高信息的覆盖面。

7.2 平台：细分目标人群确定组阵基地

自媒体矩阵的搭建，要以用户为基础，根据目标用户的需求、喜好等在对应的平台上建号，之后再通过内容互联、活动互动等方式连接成网。要知道，平台不同，聚集的用户属性也不同，诸如抖音聚焦的是年轻人，今日头条主流用户大都为二三线城市用户，快手用户则以四五线城市和农村用户居多。因此，自媒体矩阵的搭建，需要在细分目标人群的基础上确定组阵平台。

7.2.1 细分目标用户

自媒体都要有明确的目标用户，生产出来的内容才更有针对性，更具吸引力。自媒体矩阵的打造也是如此，用户越细分，各个账号的针对性就越强，矩阵的引流和推广功能就越强大。

"十点读书"自媒体矩阵涉及了微信公众号、微博、今日头条、电台、线下等诸多平台。其中微信公众号为主阵地，主要借助微信庞大的流量覆盖有读书需求的用户，微博账号覆盖一二线城市白领阶层，今日头条账号覆盖三四线城市用户，电台覆盖有车一族和一二线城市年轻用户，线下则以读书会形式存在，覆盖全国各大城市读书爱好者。

通过在各大平台上建号组阵，"十点读书"成功覆盖了不同阶层、不同属性的目标人群，满足了他们的多样性需要。借助矩阵，"十点读书"除了能够实现常规的内容导流外，还可通过满足不同人群需求快速完成变现。比如，通过微信公众号向用户推荐文创、图书、手工品、家居等方面的商品，以电商形式变现。在各个平台上，针对不同属性的用户开设生活、职场、美学、心理、情感等课程，实现知识变现。

通常，自媒体可根据三种标准细分用户，如表7-1所示。

表7-1 自媒体用户细分标准

标准	内容	举例
价值	按照用户价值大小对用户进行细分	一级用户、二级用户、三级用户
属地	按照用户属地对用户进行细分	一线城市用户、二线城市用户、三四线城市用户、农村用户
年龄或性别	按照用户年龄或性别对用户进行细分	儿童用户、年轻用户、中年用户、老年用户、男性用户、女性用户

7.2.2 确定用户聚集平台

细分用户之后，自媒体用户需要结合各个平台的特点，找到用户的主要聚集平台，在上面开通账号，持续输出内容进行引流。比如，你的目标用户主要是年轻女性，那么在打造自媒体矩阵时，则可将主账号开设在年轻女性用户众多的抖音上，次要账号开设在快手、今日头条、微信公众号、西瓜视频等年轻女性较多的平台上，组成矩阵。

当前主流平台账号和用户特点，如表7-2所示。

表7-2 主流平台账号和用户比较

平台账号	特征	用户
头条号	活跃度最大的综合性自媒体平台，算法推荐，内容分类丰富，品质较高	大部分分布在二三线城市
企鹅号	腾讯推出的自媒体平台，主推 QQ 客户推送，天天快报，腾讯新闻等	依托腾讯巨大的用户基础，覆盖群体广泛

续表

平台账号	特征	用户
百家号	内容综合性很强，可在百度新闻中显示，包含在百度搜索和百度其他产品线中收录	一二线城市用户使用度较高，对中产阶层覆盖较全面
一点号	综合类型的自媒体平台，采用推荐制，系统支持一键导入文章	用户集中在二三线城市
搜狐号	综合类自媒体平台，采用推荐制，根据内容本身的品质和流量表现自动推荐	用户覆盖面较广，互动性较高
大鱼号	综合类型自媒体平台，以 UC 客户端和 UC 头条为分发媒介，文章以信息流的方式，推荐给潜在用户	用户覆盖面较广，年轻用户较为活跃
抖音号	短视频主流平台，内容丰富	二三线城市年轻用户为主
快手号	短视频主流平台，内容丰富	四五线城市和农村用户为主

7.3 连横：同一平台布局多个账号

在组建自媒体矩阵时，创作者可以立足一个平台，通过申请多个账号的形式组建矩阵。在这些自媒体账号中，要有一个核心账号，其他账号围绕核心账号，为其输送粉丝，分发传播信息。

7.3.1 相同领域内组建矩阵

自媒体创作者在搭建矩阵时，可以在主账号定位领域内开通其他账号，通过内容上的呼应或者对比，为主账号造声势，引流量，做口碑，最终实现整体化协调发展。比如，矩阵内的结构账号都定位汽车领域内容创作，主账号输出各个汽车品牌内容，次要账号各自关注一个汽车品牌。

姜姜毕业后加入阳米科技运营自媒体内容，接到的第一个任务是做响"妈妈点赞"这个母婴品牌。正值公司暑假实习生需要锻炼，因此她便带二十多个实习生做矩阵，在抖音上开了二十多个账号，共同推广"妈妈点赞"。

二十多个抖音号，姜姜运营核心账号"妈妈点赞"，其他人运营次账号，诸如"妈妈点赞+""妈妈点赞的育儿经"等，通过寻找交易育儿痛点、传播正确教育理念等方法。比如，"经常拿孩子做攀比，对孩子的成长是非常不好的"等，逐渐吸引用户关注，由次账号向核心账号引流。

相同领域内组建矩阵，自媒体创作者可以从三个方面强化矩阵连接，如图7-2所示。

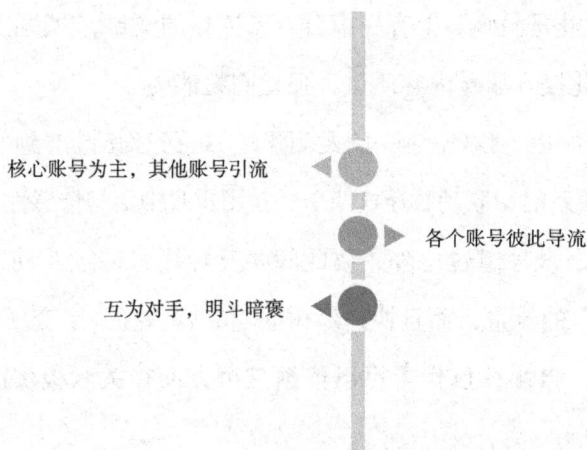

核心账号为主，其他账号引流

各个账号彼此导流

互为对手，明斗暗褒

图7-2 相同领域矩阵连接方法

7.3.2 在关联板块内设置矩阵账号

矩阵主账号需要在定位领域内进行垂直化输出，以专业内容涨粉圈粉，打造品牌。而矩阵次账号则需要布设在和主账号定位领域关联性较强的领域内，和主账号在内容上形成互补，继而使整个矩阵产生"1+1 > 2"的效果。比如，矩阵主账号输出美食内容，次账号输出养生、塑身、食疗、有机蔬菜等领域内的内容，彼此之间遥相呼应相互引流。

微信公众号"视觉志"，定位为综合性内容分发阵地，为了最大限度地吸引引流，快速完成变现，围绕"视觉志"，利用"视觉"上的关联性，构建了一个包括"她刊""蛙哥漫画""一读""窈窕妈妈"和"每日七言"公众号矩阵，涉及读书、母婴、漫画、时尚等领域。

以"视觉志"为核心的公众号矩阵主要通过三种形式进行联动。

（1）相互导流。在"视觉志""蛙哥漫画"等用户关注数量高的公众号设置固定栏目，一方面彼此相互导流，快速提升关注用户数量，另一方面也能够在内容上形成互补，最大限度地提升用户的阅读体验。

（2）爆文互用。矩阵内某一账号发布的内容火起来后，其他账号也会发布。比如，"蛙哥漫画"上有一篇百万阅读量的文章，"窈窕妈妈""她刊"也会发布，以此提升账号内容质量，强化圈粉能力。

（3）IP联动。从"蛙哥漫画"的人设团子、丸子这对活宝，到"窈窕妈妈"的主人公，亲情关系的IP联动，让这两个号在用户眼中更具情感性、更有人性。

诸多微信公众号组建矩阵，彼此间相互导流，持续互动，不仅大大提升了"视觉志"的流量，而且快速地树立起品牌，提升了变现能力。

具体而言，自媒体创作者可以依据三个方面在关联板块内设置矩阵账号，如图7-3所示。

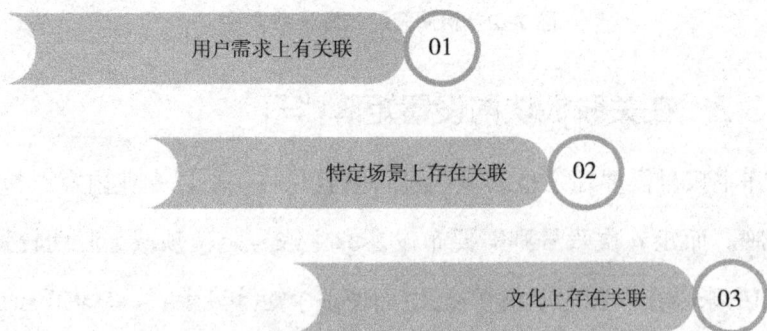

用户需求上有关联　01

特定场景上存在关联　02

文化上存在关联　03

图7-3　在关联板块内构建矩阵账号依据

7.3.3 独立账号组阵

在同一平台上搭建自媒体矩阵，创作者还可以采用独立账号的形式，通过运营手段将各个账号连接在一起。比如，在今日头条上，可以在"三农"板块设置一个账号，在"本地资讯"板块设置一个账号，在"历史"领域设置一个账号，在"数码"领域设置一个账号。这些表面上没有任何联系的账号，通过系列运营，构建成矩阵，产生彼此导流的效果。

自媒体创作者可以通过三种方法将各独立账号连接成网，打造成引流和推广矩阵，如表7-3所示。

表7-3 自媒体创作者各独立账号的连接方法

方法	内容
人设连接	各个账号统一人设。比如，都以"活宝"形象示人，以幽默愉悦用户
活动连接	通过呼应性活动连接。比如，此账号赠送的活动圈在彼账号可免费查看付费内容
价值观连接	统一价值观。比如，都秉持"利他思维"输出问题解决方案

7.4 合纵：多个小矩阵构建一个大矩阵

在组建自媒体矩阵时，创作者还可采用合纵的策略，将多个小矩阵构建为一个大矩阵，最终实现"1+1 > 2"的组阵效果。

7.4.1 小矩阵构建三法

小矩阵是构建大矩阵的第一步，有了功能完善的小矩阵，大矩阵才能发挥出更大的引流、推广和变现效能。那么如何才能构建功能完善的小矩阵呢？

喜欢美食的晓晓，一直在微信公众号"日食记"上发布美食内容，输出烹饪方法。由于其发布的图文感官性强，方法实用，因此吸引了大批美食爱好者关注。为了进一步导流，晓晓还申请了一个专门输出面点制作知识的公众号"面面俱到"，和"日食记"互为补充，达到了很好的导流效果。

时间久了，晓晓发现虽然文图升级能够吸引留存用户，但是文图对特色美食的呈现力不足，想要给予用户更强的感官刺激，引诱他们开展变现实际操作，就必须强化用户的在场感，提升他们的体验。基于此，晓晓在抖音上申请了"美食记"和"菜菜乐"两个账号，打造抖音账号矩阵，一个猎奇，寻找各地个性美食；一个专精，致力于家常菜创作。借助视频，晓晓更生动地展示了自己的美食知识和烹饪技能，快速吸引了大批对特色美食感兴趣的用户，并且开设了橱窗，直接向用户销售各类美食，完成变现。

晓晓通过在微信公众号矩阵发布内容中标注抖音号及在抖音矩阵发布视频中推广公众号的方法，将微信公众号小矩阵和抖音号小矩阵巧妙地连接在一起，构架为一个跨平台的大矩阵。通过彼此间的导流和推广，大大提升了各个账号的关注用户数量和品牌知名度。

通常而言，自媒体创作者可结合自身实际情况，选择三种方法构建自媒体账号小矩阵，如表7-4所示。

表 7-4　小矩阵构建方法

方法	内容	举例
按照功能构架	按照预设的功能，分别构建小矩阵	涨粉矩阵、推广矩阵、变现矩阵
按照平台构架	在不同类型的平台上构建小矩阵	头条号矩阵、微信公众号矩阵
按照领域构架	在关联领域内构架小矩阵，彼此引流	教育矩阵、诗词矩阵、书法矩阵

7.4.2 小矩阵间的四种连接方式

组建自媒体账号小矩阵后，创作者还需要巧妙地将这些小矩阵连接在一起，使之构建为一个效能更大的矩阵，形成叠加效应。具体而言，小矩阵间可以通过四种方法巧妙地连接在一起，构建更大的自媒体矩阵。

（1）推广关联。所谓"推广关联"，是指通过推广行为将各个小矩阵有机地连接为大矩阵的方法。具体而言，推广关联主要包括内容互推和活动互推两个方面，如表7-5所示。

表 7-5　推广关联方法

方法	内容	举例
内容互推	通过内容上的向后推广，将各个小矩阵巧妙地连接为大矩阵，形成流量互推联盟	此矩阵内容中推广彼矩阵账号；彼矩阵内容中推广此矩阵账号
活动互推	通过活动上的呼应互动巧妙地将各个小矩阵串联在一起，引导用户在小矩阵间流动	此矩阵内活动奖品是彼矩阵付费栏目抵扣券或在售产品

（2）功能关联。自媒体创作者可以在一个小矩阵的账号内设置和另一小矩阵定位相同或相似的功能板块，当用户点击的时候，便可以跳转到另一个小矩阵内，从而快速地实现导流引流。

（3）场景关联。用户在某一特定场景中往往只会产生一种需求，如在厨房中，往往会想着如何做好菜，这个时候他们就需要菜谱和烹饪技巧，而从厨房场景还可以延伸到其他场景，诸如客厅场景，电视背景墙如何布设，花草如何培育；卧室场景，怎样才能保证睡眠质量，能不能在卧室养花。根据场景的关联性定位小矩阵输出内容，可巧妙地将其连接为一体，构建引流推广功能更强的大矩阵。

7.5 变形：相同内容使用不同形式呈现

自媒体矩阵的搭建，除了简单地申请几个账号输出同样内容扩大用户覆盖面外，还可通过内容上的变形实现矩阵化，在减轻创作者工作强度的同时，大大提升矩阵涨粉引流能力。

要知道，个人的精力是有限的，在没有团队支持的情况下，往往无法快速地生产出各个矩阵需要的多样化内容，被迫将相同的内容输送到各个账号，统一发布后便草草了事。但相同的内容出现在不同的账号，往往会降低账号在用户眼中的可信度，甚至因为和账号定位抵触而导致体验下降，出现掉粉现象。

因此，自媒体创作者在生产矩阵内容时，需要按需分配有限内容，通过形式上的转播让内容更加适合账号定位和各个账号目标用户的口味。比如，专注于翡翠玉石文玩的自媒体矩阵，在微信公众号上主要发布翡翠玉石类的文图内容，在喜马拉雅上则将文字和图片转化为音频内容，在抖音号上则将文图内容转化为脚本，以短视频故事的形式向用户普及翡翠玉石知识。如此一来，矩阵内各个账号发布的内容虽然本质上相同，但因为在形式上有了重大变化，因为更加贴近各个账号的定位，更符合用户的口味。

7.5.1 文图转音频

自媒体创作者的文字或图片内容，在矩阵内一个账号发布后，可以将文字或图片内容转化为音频，在另一个账号上发布。如此一来，内容形式上的改变便不会带给用户似曾相识的感觉，大大提升了矩阵整体内容的吸引力。

文字转化为音频，除了创作者自己录制之外，还可使用"语音自动生成器""讯飞语记"等软件快速将文字转化为音频。

至于图片，想要转化为音频的话，则需要创作者围绕图片创作故事，以故事的形式将图片内容讲述出来。通常而言，创作者可以使用三种方法将图片故事化，如图7-4所示。

图7-4　图片故事化的三个方法

7.5.2　文图转视频

自媒体还可以将文图内容转化为视频，利用视频特有的生动直观性特点吸引用户，提升账号人气，提升矩阵流量。

那么如何将文图内容转变为视频呢？具体而言，创作者可以通过两个方法实现。

（1）提炼文字或图片信息，将之制作成文字短视频。创作者可以将文字或图片内容进行提炼，然后将之输入到"Tab"App中，便可转化为视频。

比如，通过对文字或内容的提炼，你得到了下面文句：

问工资，问隐私，教你怎么回答，听了都说情商太高。

模糊地说，还是那点钱，没啥好说的。

反问对方，你的工资是多少。

直接拒绝，公司有规定，工资属于商业机密，我不能告诉你。

之后点击"Tab"App，将提炼出来的这些话输入，便可自动生成文字短视频。

（2）根据文字拍摄短视频。自媒体创作者还可以将文字或图片改编为短视频脚本，将之以故事、情景剧等形式展现在用户眼前。

将文字或图案改编为视频时，自媒体创作者可以从三个方面入手，将文字转变为视频形式，如图7-5所示。

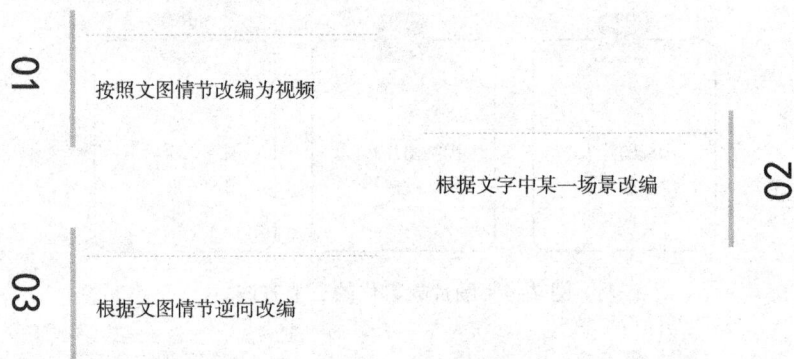

01　按照文图情节改编为视频

02　根据文字中某一场景改编

03　根据文图情节逆向改编

图 7-5　文字转变为视频的三个方法

7.6　拆分：专一领域细分多个栏目

统一领域内的多栏目矩阵，可以让自媒体创作者在强化内容垂直度的同时，拓宽内容广度，提升内容浸透力，强化内容对用户的吸引力。因此，自媒体创作者可以结合自身情况，在定位的垂直领域内多点开花，构建栏目矩阵。

7.6.1　横向细分

针对某一领域，自媒体创作者在构建矩阵时，可以对其进行横向细分，以细分出来的更小垂直单元为土壤，打造矩阵栏目。比如，定位于三农领域内的自媒体，在构建矩阵栏目时可以将三农领域横向细分为垂钓、赶海、乡野、果园等更垂直的小领域，有针对性地打造栏目，组建相互引流的三农栏目矩阵。

自媒体创作者在横向细分领域时，可以从三个方面入手，如表7-6所示。

表7-6　领域横向细分

方法	内容	举例
领域内更细的类别	将领域再次细分为更小的诸多类别	舞蹈领域细分为芭蕾舞、民族舞、街舞、爵士舞、拉丁舞等
对用户横向细分	对领域的目标用户横向细分，以横向细分的用户作为矩阵栏目的土壤	旅游领域，老年群体可横向细分为市内、周边、长途和国外群体
对场景横向细分	自媒体创作者可细分领域内的各种场景，搭建栏目矩阵，生产相应内容	定位美食领域，针对场景的不同，可细分为家常、来客、节庆等场景，搭建栏目矩阵

7.6.2　纵向细分

自媒体创作者还可以通过纵向细分领域，针对分割出的次级领域设置栏目，搭建矩阵。比如，定位电影领域的自媒体，可以将电影垂直细分为电影评论、电影解说、电影科普等，继而高效地搭建电影自媒体栏目矩阵。

喜欢电影的西瓜视频和抖音用户大都听说过"谷阿莫"这个名字，他喜欢在抖音上为大家讲述电影故事，尤善于通过只言片语便将原本需要一个多小时才能看完的影片概括成几分钟甚至几秒钟的短片。因此，很多喜欢看电影却没有时间去电影院的用户便成了"谷阿莫"的粉丝，通过他的影像剪辑和诙谐解说，找到久违的笑点和槽点。

"谷阿莫"在电影这一领域内打造了多个栏目，以多栏目互动形式构建了矩阵。

（1）讲故事。这一栏目单纯地为用户讲述电影故事，将用户带领到或奇趣或残酷或唯美或浪漫的电影世界，给予用户超爽的故事体验。

（2）评论。"谷阿莫"利用简短的文字，配合大量剪辑浓缩电影片段，以短片影评的方式，为用户评论具体电影人物和整部电影的价值观、世界观。通过谷阿莫的评论，用户得以对电影有一个更加深刻的认知，不仅知道讲得是什么，还知道哪里好哪里坏。

（3）科普。为用户科普电影世界中出现的人物系列、动物系列、武器系列等知识。比如，《四分钟认识侏罗纪世界常见的十种恐龙》，便为用户科普了电影《侏罗纪世界》系列中经常出现的恐龙名称和特点。

自媒体创作者在纵向细分领域时，可以采取两种方法，如表7-7所示。

表 7-7　领域纵向细分方法

方法	内容	举例
按照类别等级从大到小细分	自媒体创作者可以按照领域类别的等级，从大到小以此细分，有针对性设置栏目	能源领域，可细分出中化工行业，然后再细分出石油化工，之后再细分出液化气化工
按照用户需求对领域垂直细分	针对用户的需求，将领域划分为几个方面，集中输出专业内容	电影领域，可根据用户需求细分出电影评论、电影故事、电影科普栏目

7.7 发布：在最恰当的时间出现在用户眼前

创作者想要做好自媒体矩阵，还需要做好发布，在最恰当的时间将内容推送到用户眼前。正所谓"来得早不如来得巧"，时间恰当，时机巧妙，往往能够在第一时间抓住用户眼球，帮助创作者节省大量资源达到超预期效果。

7.7.1 抓住每天最佳发布时间段

当前人们的生活和工作节奏越来越快，时间也呈现出了碎片化趋势，特别是空闲时间越来越分散。因此，自媒体矩阵内容的发布需要切合用户的碎片化时间，抓住其一天中较大时间碎片，在用户拿起手机的同时发布内容。如此一来，自媒体矩阵发布的内容便会搭乘第一趟班车出现在用户眼前。

具体而言，用户一天中会出现五个较大的时间碎片，如表7-8所示。

表 7-8 用户一天中较大时间碎片

碎片时段	解释
5 点到 7 点	大多数上班族、上学族都会在这个时间段内从睡梦中睁开眼，通常会登录各平台查看最新发布。起床吃过早餐，出门上班，在公交车、地铁上，用户会习惯性地掏出手机阅读文章，观看视频
11 点到 1 点	这个时间段内，有午饭时间，午休时间，人们通常会习惯性地掏出手机查看信息，阅读文章，观看视频

续表

碎片时段	解释
15 点到 17 点	很多人在这个时间段内会选择性休息一下，通常会选择阅读的方式缓解一下疲劳，这个时候发布的内容往往会近水楼台先得月
17 点到 19 点	这个时间段的人们往往在下班的路上，劳累了一天，通常会选择在手机上阅读冲浪放松心情
21 点到第二天 1 点	很多人觉得这个时间段内人们活动行为会大大降低，其实不然，在这个时间段，一二线城市的夜生活才刚刚开始，加班熬夜的、出门玩耍的，他们在这个时间段登录今日头条的频率也会大大提升

7.7.2　粉丝最佳活跃时间

除了可以在每天的五个固定的时间段发布内容外，自媒体创作者还可以结合后台数据，根据自身用户在线时间情况发布内容。比如，今日头条会向每位头条号创作者提供详细的用户活跃时间数据，根据此项数据，头条号创作者可以精准地确定关注用户的活跃时间节点，在用户最活跃的时间点发布内容，继而达到事半功倍的发布效果。

以今日头条为例，头条号创作者可以按照"后台—个人中心—我的粉丝—粉丝画像—活跃时间分布"路径查看用户的活跃时间规律。在"活跃时间分布"板块，创作者可以看到用户昨日各个时间节点活跃的折线图、昨日粉丝活跃数以及粉丝最佳活跃时段。其中"粉丝最佳活跃时段"统计的是头条号昨日粉丝最活跃的时间段，创作者可以在这个时间段内发布内容。

8 社群：

从弱关系到强连接的圈子化之路

自媒体之路想要走到极致，除了要做好内容和圈粉涨粉之外，还需要构建自己的圈子，打造自己的专属流量池塘。而社群无疑是自媒体创造者打造私域流量池的最好工具，通过社群，将自媒体关注用户引流到固定圈子内，持续强化互动，继而同用户建立起强连接。

8.1　目的：用 4W1H 方法定位社群运营目标

人有了目标，行动才会更有针对性，意志才会更坚定，成功的概率自然更高。建立社群也是同样的道理，有了目标，自媒体创作者在平台选择、设定门槛、涨粉引流等环节上才更有针对性和方法性，社群达效获利的概率才会无限提升。

因此，想要构建社群，自媒体创造者必须首先定位社区运营目标。那么自媒体创作者如何才能精准地定位社群运营目标呢？当前定位社群运营目标应用最广泛最有效的是4W1H方法。

8.1.1　【why】为什么要建立社群

自媒体创作者为什么要建立社群呢？除了强化用户连接外，很多创作者建立社群的原因多种多样，因此需要明确这一点。具体而言，自媒体创作者建立社群的原因主要有五种，如表8-1所示。

表 8-1　自媒体创作者建立社群原因

原因	内容
强化用户连接	不管是基于兴趣还是为了交友，将用户引入社群，通过一系列互动，可以快速提升彼此间的情感温度，将弱关系变为强连接
卖货	通过社群出售自己的产品、服务或会员资格，获得更多利润

续表

原因	内容
兴趣	基于相同的爱好，构建一个共同学习和分享的小圈子，诸如诗词鉴赏群
品牌	想要通过同用户更紧密的互动，引导他们分享和转发自媒体品牌，为品牌信任背书，形成口碑效应
影响力	创作者通过激励、分享干货、组织新颖的挑战活动，提升成员的群体认同感，引导成员通过口口相传或者互联网分享的形式快速裂变，最终形成引爆效应，继而大大提升自媒体在某一垂直领域内的影响力

　　自媒体创作者在建立社群前就必须明确社群建立的原因，确定自己要通过社群解决什么问题。因此，建立的社群才会更健康，运营起来才会更高效。

8.1.2 【what】社群能够带来何种价值

　　自媒体创作者在明确社群建立的原因后，还需要明确社群的价值，即"这个社群能够带来何种价值"。因为人都是趋利的，有利益，行动意愿才会更加强烈，因此，自媒体创作者在明确社群价值后，创建社群和精细化运营的意愿才会更加强烈。

　　那么如何明确社群的价值呢？自媒体创作者可以通过提问的方法来确定，比如让更多用户了解自己还是让他们更好地了解某个产品？是提供某种爱好的交流机会还是分享某个领域最新的平台？是聚集意见领袖影响更多用户还是培养超级用户实现更大传播价值？结合自身实际，回答好这些问题，自媒体创作者便能找到社群的价值。

　　需要注意的是，社群的价值要尽可能体现出痛点，且要具体，有回报的载体，如此，才能强化行动的信心，吸引更多用户加入。比如，一个专注美食领域的自媒体创作者建立的一个社群，其价值是"将五谷不分的家庭懒男培养成美食暖男"，这个社群价值就体现了当前家庭生活中的痛点——男人不做家务。如此一来，社群对女性，特别是对已婚女性的吸引力必将变强。

8.1.3 【where】在哪里建立社群

社群并非空中楼阁，想要顺利组建，必须要有契合的平台。因此，自媒体创作者需要思考各个平台的属性和特点，选定一个更有利于社群发展的阵地。

那么如何选择社群的平台呢？自媒体创作者可以结合自身实际，根据两个因素做出选择。

（1）平台功能。平台展示出来的功能是否适合社群今后的运营？能否帮助自己最大限度地放大社群价值？自媒体创作者可以从平台功能角度做出选择，以最适合创建社区的微信群和QQ群为例，其在功能上的主要区别如表8-2所示。

表 8-2　微信群和 QQ 群功能区别

类型	微信群	QQ 群
规模	可申请的群数量没有具体限制，1 个群最多只能添加 500 人	购买超级会员的账号可以建 4 个超级群，每个超级群可添加 2000 人。1000 人群可建 4 个，500 人群不限制个数
数量	微信群在数量上没有限制，且可随时创建	普通账号可以创建不超过好友人数上限的 500 人群
结构	环形结构，有创建者，彼此间的关系平等，都有邀请权限	金字塔结构，一个群内有一个群主，多个管理员，只有通过管理员允许才能入群
权限	群成员之间在权限上是平等的，只有群创建者才能踢人	群主和管理员有更高的权限，可对成员禁言，可将不遵守规则成员踢出
玩法	主要为群红包、抽奖等	匿名、群等级、改名、群红包、禁言、群投票、群作业、群活动等
共享	传输文件效率不高，且会屏蔽部分链接	可以传输文件，设置公告板、相册，可共享文件，基本不会屏蔽其他网络链接

（2）用户习惯。除了着眼平台功能外，自媒体创作者在选择平台时，还需要根据用户的使用习惯选择。比如，自媒体创作者想要建立一个主要

是"95"后年轻人的社群，这个时候就需要考虑他们的使用习惯。"95"后年轻人喜欢微信群还是QQ群呢？可能很多自媒体创作者会想当然地认为是微信群，其实不然，"95"后年轻人更喜欢QQ群，选择错了的话，会大大削弱年轻人入群的积极性。

8.1.4　【who】社群里应该有哪些人

一个社群，有人才有活力。因此，自媒体创作者必须对社群内成员的属性有一个清晰的认知，才能更好地进行互动和管理，在社群内营造良好的氛围和生态。

具体而言，社群内的成员可以分为七种，如表8-3所示。

表 8-3　社群成员类型

类型	解释
创建者	谁创建了社群便是社群的创建者
管理者	有良好的自我管理能力，能够以身作则，率先遵守群规，有较强的责任心和耐心，恪守群管理职责，团结友爱，决策果断且顾全大局，赏罚分明
参与者	参与社群活动或讨论的成员
开拓者	懂连接，能谈判，善于交流，能够深挖社群潜能，在不同平台宣传社群
分化者	学习能力强，能够深刻理解社群文化，参与过社群构建，且熟悉所有细节，是未来社群大规模分裂复制的超级种子用户
合作者	对社群价值较认同，且自身拥有较为匹配的资源
付费者	社群运营需要成本，需要有提供经济来源的付费者，诸如购买产品、服务的用户，赞助商，等等

8.1.5　【how】如何变现

自媒体创作者建立社群后，还需要考虑社群的变现。通常而言，社群的变现有两种：一种为内部变现，即从社群内部获得经济上的回报，诸如众筹式、服务式、电商式、会员式等；另一种则为外部变现，即组织社群成员一起创造出价值，利用这种价值换取回报，诸如抱团式、智库式等。

具体而言，社群的表现方式，如表8-4所示。

表8-4　社群变现方式

方式	解释
产品式	社群内一切活动都围绕着产品开展
会员式	通过提供更加优异快捷的服务吸引用户付费成为会员
电商式	通过引入或者生产高复购率的优质产品完成变现
流量式	社群流量越大，价值就越高，可以收取的广告费就越多
众筹式	通过众筹获得经济收益
智库式	通过作业、练习的形式，利用社群的集体智慧为咨询商家提供问题解决方案
抱团式	拥有同一技术的用户统一行动，如同公司运作
跨界式	不同定位或类型的社群或社群和品牌之间的跨界合作，互相导流获得回报

8.2　成员：从自媒体铁粉用户中引流

社群好不好，成员是根本，只有高质量的成员，社群才更具活力，更有价值，在今后的运营中帮助自媒体创作者快速完成目标。

8.2.1　甄别铁粉

所谓"铁粉"，是指对自媒体不离不弃的用户，相对于普通用户，铁粉对自媒体账号的认同度更高，支持力度更大。因此，将铁粉引导到社群，能够显著提升社群的活跃度和价值性，让社群拥有一个更高的起点。

号称今日头条"最红美食达人"的巧妇9妹，头条号有385万粉丝，视频聚焦三农，为大家展示了一名普通农夫原生态的日常生活，诸如大清早去种甘蔗，午饭蒸了一笼韭菜鸡蛋馅的饺子，下午看村里的千年古树，晚上炒一盘田螺下酒，等等。随性、温馨、真实的镜头，加上朴实甜美的乡音，迅速俘获了"久在樊笼里"的城市人，成了她的忠实粉丝。

为了提升用户黏性，更好地完成变现，巧妇9妹从关注自己的用户中筛选出活跃高的铁粉，将他们引入自己的微信群中。如此一来，巧妇9妹便可以和用户实时互动，能够在第一时间倾听用户心声，汲取用户智慧，给予用户回报。

由于铁粉具备更高的忠诚度，因此巧妇9妹的社群活跃度非常高，成员的参与感强烈，通过进一步引导，通过他们的分享和信任背书，巧妇9妹获得了良好的营销推广效果，获得了更为可观的经济效益。

可见，从自媒体关注用户中筛选铁粉，将之导入到社群内，是群成员的一个重要引流渠道。

那么在数以万计的用户中，如何才能甄别出铁粉呢？具体而言，自媒体创作者可以从四个方面甄别铁杆粉丝，如图8-1所示。

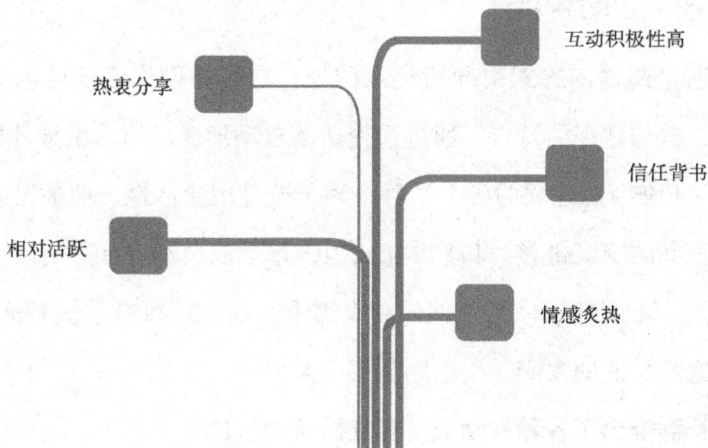

互动积极性高

热衷分享

信任背书

相对活跃

情感炙热

图 8-1　铁杆粉丝的五个甄别特点

8.2.2 邀请

甄别出用户中的铁粉后，自媒体创作者便需要将其引导入社群，将他们变为社群今后运营挖潜的基石。邀请是一个不错的方法，通过一对一的真诚邀请，自媒体创作者可高效地叩开铁粉心扉，引导他们入群。

邀请的具体方法有三，如图8-2所示。

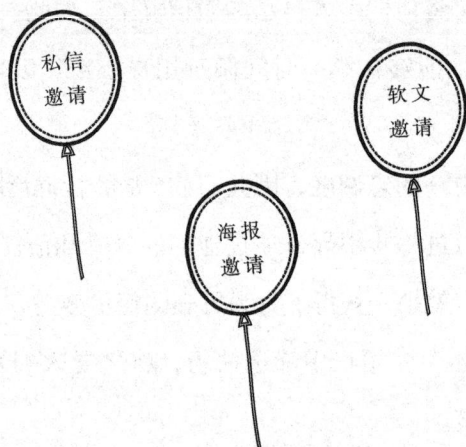

图 8-2　邀请铁粉入群方法

8.2.3　活动导流

除了通过邀请的方式引导粉丝入群外，自媒体创作者还可以利用铁粉忠诚度高、参与感强的特点，通过系列活动自动形成门槛，引导他们入群。

比如，巧妇9妹建立的各个社群，为了提升用户活性，便通过各种活动来推动成员间的交叉链接。巧妇9妹认为，每个成员都有社交需求，推动群内成员连接，不仅能够满足他们的社交需求，而且还可有效提升成员活性，进一步联通成员的朋友圈、生活圈和事业圈。

于是社群推出了各种推动成员相互链接的玩法：

私聊加好友开始就发感谢小红包；

关注别人微信公众号坚持留言评论或打赏；

彼此提问，优质回答可获得咨询费；

通过付费约见别人；

做网络采访，写采访手记分享；

邀请自己的粉丝去别人微信文章下评论留言互动；

彼此到对方粉丝群内做分享互动；

线上一起策划主题活动，诸如训练营、合作微课、线上晚会等。

通过一系列丰富的活动，不仅显著提升了社群的生命力，而且还实现了快速裂变，吸引了更多粉丝入群，大大提升了品牌知名度。

活动导流的方法具体有以下四种，如表8-5所示。

表8-5　活动导流的具体方法

活动类型	内容	举例
高互动性活动	铁杆互动性强，因此对互动性强的活动更有兴趣，提升活动的互动性，可有效过滤普通用户	有奖题词征集；痛点调查
任务性活动	通过制订某一挑战性目标吸引铁粉入群完成任务	旅行线路规划
内测活动	在社群内开放某一新产品或新服务的测试，吸引铁粉入群	付费内容测试
线下活动	相对于线上活动，线下活动需要用户投入更高的时间和金钱成本，可以有效地过滤普通粉丝，吸引铁粉入群	酒会、年会、联谊会等

8.3　管理：目标＋岗位＋模式＋制度

社群建立后，自媒体创作者还需要持续投入管理资源，才能使之健康地运行下去，并且在之后的时间不断成长壮大。对自媒体创建者而言，社群管理要如同管理公司一样，做到目标明确，岗位设置合理高效，管理模式科学合理，制度设立清晰严谨，文化和谐激励，社群的发展才会更加健康快捷。

那么自媒体创作者应该如何管理自己的社群以营造强用户关系呢？

8.3.1　目标管理：用明确的社群使命凝聚社群

自媒体创作者想要社群获得快速发展的动力，在后期运营中持续壮大，就必须为社群确立一个明确的目标。正如每一家公司都有自身明确的目标一样，一个明确的社群目标会让成员更有干劲，更有凝聚力。

2013 年 3 月，王凯微博宣布从无数人羡慕的中央电视总台辞职。经过七年多的经营，微信公众号"凯叔讲故事"已经收获数百万用户，成为中国最大的互联网亲子社群。

"凯叔讲故事"之所以能够迅速发展壮大，除了与其不断输出富有吸引力的产品有关外，还和其采取的社群管理策略有很大关系——通过像管理公司一样管理 2000 多个微信群、QQ 群。为了最大限度强化社群的凝聚力，王凯为社群树立了明确的目标——让每一个孩子都有好故事听，让每一个参与者都获得价值。通过这一目标，"凯叔讲故事"得以将原本冷漠的用户关系加热，将用户从"倾听者"变为"背书分享者"、合伙人，继而实现了快速裂变。

通常而言，自媒体创作者可以从三个方面进行目标管理。

（1）制订明确目标。有目标的社群才更有凝聚力，因此自媒体创作者需要为社群制订明确的目标。秋叶凝聚了一群人，确立了一个目标，想要通过社群"相互学习，共同提升 PPT 技能"，于是有了现在如日中天的"秋叶 PPT"社群；罗振宇凝聚了一群人，想要通过"聚集尽可能多的人，在自媒体上卖产品"，于是有了现在叱咤风云的"逻辑思维"……因此，自媒体创作者首先应该为自己的社群树立一个充满预期的、具体的且可以通过奋斗能够实现的目标。

（2）打造使命感。目标确立相对比较容易，但要想顺利实现目标，还需要打造使命感，其具体方法如图8-3所示。因为一旦社群成员具有了强烈使命感，他们的行动意愿才会更高涨，对社群的忠诚度和贡献度必将大大提升。

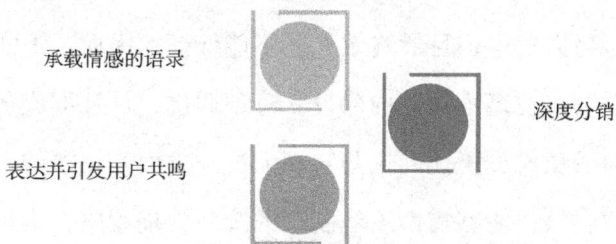

承载情感的语录

深度分销

表达并引发用户共鸣

图8-3 打造社群使命感方法

（3）为群成员提供目标反馈。从人的心理上来看，人们习惯掌控，希望尽可能地掌握自身命运，"不怕前行，只怕不知何处是尽头"，说的就是人们的这种心理状态。因此，在社群目标管理过程中，向群成员提供目标反馈就显得尤为重要，如图8-4所示。

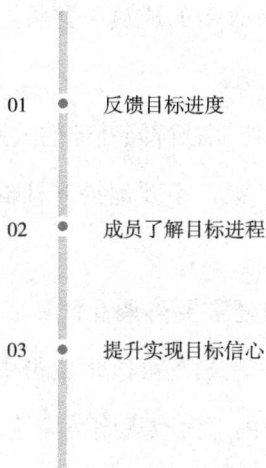

01 ● 反馈目标进度

02 ● 成员了解目标进程

03 ● 提升实现目标信心

图8-4 社群目标反馈流程

8.3.2 岗位设置：协调员，运营员，内容策划

想要管理好一家企业，需要设置关键性的岗位，诸如首席执行官、部门主管、财务主管、车间主任，等等。同样的道理，想要管理好社群，保障其平稳健康发展，也必须设置关键岗位，以此打通社群运行的关键节点和"任督二脉"，为社群良性运营创造良好条件和氛围。

2000多个群，王凯认为都要依靠内部工作人员管理的话，必然会消耗大量的人力、物力成本，且最终效果还不能保证。因此，王凯绝对依托现代企业管理制度，在每个社群内部设立管理职位，从社群成员中挑选人气高、爱发言的活跃成员担任。这些管理人员一方面是王凯的忠实粉丝，认同凯叔精神的内核，能够贯彻王凯制订的统一管理策略，维护社群的稳定和谐；另一方面这些管理人员由于可以"管理换分红"，自身工作积极性非常高。

那么对一个初建社群而言，要设立哪些关键岗位呢？

（1）协调员。社群建立后，最重要的任务主要有两个：一个是拉新；另一个是确认各个成员的身份，将社群稳定下来。这两个任务也是社群协调员的任务，不断地为社群吸收新的成员，并将这些新成员归类，协调好社群与成员以及成员之间的关系。

拉新：社群协调员需要协调社群同外部的关系，通过包装社群产品、服务来提升社群自身的品牌形象，不断地提升社群的吸引力，最大限度地吸引外部成员加入社群。

确认身份：社群协调员还需要协调社群和成员以及各成员之间的关系，确认成员在社群中的身份。比如，可以将成员中的活跃分子吸收成为社群的组织和管理者，确定社群内部大致规则，等等。

（2）运营员。社群运营员的主要职责则是维护社群的日常运营。一个

社群成立后，需要不断地策划活动，和成员互动，活跃社群气氛，提升社群品牌含金量。

运营员主要职责如表8-6所示。

表8-6 社群运营员职责

职责	内容
确定社群阶段性目标	一个社群除了要有建群目标外，还需要有阶段性的小目标，这些小目标是建群目标的分解，制订得好，就能够坚定群成员实现建群目标的信心，最大限度地凝聚社群向心力。比如，社群的建群目标是健身减肥，那么小目标就是每周减去多少，每月减去多少，这些小目标都需要运营员根据社群成员实际状态制订
联系名人	社群在运营过程中出于某些需要可能需邀请大V、意见领袖、社会名人做活动，这个时候就需要运营者代表社群同这些名人对接，约定好具体时间、活动步骤等事项
线下活动	社群运营离不开线下活动，社群运营人员需要为线下活动选择合适的地点，协调好参加活动的各类人员的日程，策划好活动的诸多环节、步骤，等等，保证活动能够顺利实施，取得预期效果

（3）内容策划。一个社群要想获得强大的吸引力和生命力，内容是最重要的一环，内容做得好，就能吸引更多人关注，促使社群不断地进行"新陈代谢"。更重要的是，持续的、高质量的有效内容输出，会为社群成员带来持续不断的价值，吸引社群成员沉淀下来，成为社群最忠诚的一分子。

内容策划主要职责如表8-7所示。

表8-7 社群内容策划主要职责

职责	内容
策划话题	社群内容策划人员需要结合社群定位来进行话题策划，生产出最适合社群互动的话题，用话题引导社群成员开展讨论，生产更多的内容

职责	内容
生产内容	社群策划人员除了生产话题之外，还需要针对社群成员的具体需求来生产具体内容，供大家消费娱乐。其所生产的内容必须要有价值，契合社群成员的具体需求
沉淀用户	社群内容策划人员的另一个重要作用是通过个性内容的创造来沉淀用户，也就是说通过个性内容的生产，为社群培养一批"铁粉"，让社群获得粉丝更大力度地支持

8.3.3　管理模式：环形结构 + 金字塔结构

所有的社群，从社群成员的视角看，不外乎两个功能，一是社交，加入社群是为了交到更多的朋友，为了了解更多的行业信息；二是学习，学习新的知识技能，学习别人如何做管理，卖产品。所以以此为出发点，社群管理其实不外乎两种模式：一是社交环形结构；二是基于学习型的金字塔结构。

（1）环形结构。在社群环形结构中，每一次社群交流，社群中的每个人的身份都是可以相互交换变化和影响的，但是一个群里面必须至少存在一个活跃的灵魂人物。这个灵魂人物可能身兼思考者、组织者等多个身份，假如一个群存在着多个活跃者，那么这个群不但生命力很强，而且还会碰撞出很多火花。

（2）金字塔结构。金字塔结构的社群恰恰和环形结构的社群相反，在金字塔结构中，社群内部一定会存在着一个高影响力的人，其位于金字塔顶端，为了便于管理社群，会发展一些组织者帮助管理社群。而社群内的成员往往都是冲着高影响力的人物来的，在其影响下加入社群。

8.3.4　制度设立：结合社群定位制订系统规则

正所谓"没有规矩不成方圆"，一个公司想要做好做大，必须要有合适自身的规章制度，规范员工的行为和管理方向，保证企业始终走在正确的方向上。社群也是同样的道理，想要让社群良好地运行，并且焕发出强大的吸引力和生命力，能够始终保持和谐、快乐的氛围，就需要建立起适合自身的规章制度。

另外，"凯叔讲故事"还通过打造"三感"建立社群制度，构建良好的社群生态。

（1）参与感。管理员必须周期性地在群内发布一些任务，调动家长和孩子的参与积极性，一起打造产品，诸如《凯叔西游记》。

（2）组织感。每个社群都是一个用户圈子，家长可以在社群内自发组织活动，交流学习心得，交朋友，交换读书心得。

（3）归属感。通过系列活动，给予家长和孩子物质或精神的奖励，营造强烈的归属感和认同感。比如，举办"失控儿童节"，提升亲子关系温度，强化社群的集体感和家的温馨感；完成了"凯叔任务"，会获赠勋章，对于孩子而言，这是一种精神上的巨大鼓励。

由此可见，将社群当成公司一样管理，能够帮助自媒体创作者更好地和粉丝互动，并从不断升温的用户关系中获得更大收益。

那么社群在结合自身定位的前提下，具体从哪些方面制订规矩呢？

（1）建立入群"门槛"。所谓社群入群"门槛"，其实就是根据社群自身定位而设置的针对粉丝的一种筛选制度，通过相应的入群规则，社群能够更好地管控群成员的质量，保证社群的健康发展。

社群可以从入群收费标准、入群承接任务数量和难度、群成员从事职业、学历水平、资产规模等方面入手，结合自身定位，制订出一个最恰当的"门槛"，将最适合自身发展的粉丝吸纳为社群正式成员。

（2）社群发言制度。随着社群成员规模的不断扩展，建立相应的发言制度也就成了社群面临的最迫切任务。毕竟在一个社群中，每个成员都有着自己的诉求，单一领域的社群也不能保证所有的成员都关注一个话题，兴趣只集中于一个领域。所以社群要建立自己的发言制度，避免社群成员之间出现摩擦冲突，引导群成员更好地关注社群内容。

（3）设立社群奖惩机制。为了调动社群成员的活动积极性，保证社群的健康发展，社群就需要建立起奖惩机制。通过这一机制，社群可以对做出贡献的群成员进行奖励，对影响社群发展、破坏社群和谐的成员进行处罚。

8.4　分级：以明确的等级持续挖掘用户价值

社会中存在着级别，促使下层中的人为了进入更高级别而不断奋斗，继而大大推动了社会发展。社群运营也是这个道理，有级别，低级别成员为了升入更高一级，成就感和获得感才会更加强烈。

8.4.1　清晰的等级区分

社群想要最大限度激发成员的潜力，首先必须有清晰的用户等级区分。要知道人是社会人，都会追求社会地位，希望自己能够获得更多人的尊敬，因此会为了提升社会地位而不断奋斗。同样的道理，当社群中出现了明确的等级后，为了提升自身身份地位，成员也会更活跃，更有目标性。

头条号"脑洞历史观"，在2015年入住今日头条，擅长用轻松幽默的方式解读历史，将满是干货的历史内容展现在了用户眼前。"历史的脑洞"对历史认知深刻，写作能力强大，出版有《读懂春秋，就懂了当下》《诸王的游戏》《隋唐不演义》《唐末刀锋汇》等作品，截至2020年2月18日，"脑洞历史观"吸引了284万用户关注，获得了463万个赞。

除了在头条号评论区和用户互动外，"脑洞历史观"还将铁粉引入QQ群，以系列话题、活动等持续强化用户关系，提升用户黏度。QQ群管理人员根据用户活跃度和贡献值将群内成员分为三个级别，对用户进行分级管理和赋权。

一级：青铜用户。主动参与社群组织的话题讨论和系列活动，享受线上购物九五折优惠。

二级：白银用户。除了积极主动参与社群组织的话题和系列活动外，还能自发组织互动性活动，活跃社群气氛。白银用户可获得社群勋章标志，可享受线上购物九折优惠。

三级：黄金用户。这类用户属于成员中的意见领袖，或线上消费大户，对社群发展拥有非常大的推动作用。黄金用户可获得社群勋章标志，可以享受线上八折购物优惠。

三级用户等级制度大大提升了QQ群的活性——一级用户想要成为二级用户，二级用户想要成为三级用户，三级用户则想成为合伙人。如此一来，人人都更具互动积极性，推动了QQ群持续裂变传播。

可见，明确的用户等级能够更好地激发用户的互动热情，提升他们分享裂变的能动性。

具体而言，自媒体创作者通常可以运用两种形式划分用户等级，即以用于累计积分划分等级的制度和以用户所获得的勋章划分等级的制度。

但是需要注意的是，单纯积分制度和等级分明的勋章制度对群成员明确自身群内地位和促进用户成长的作用是不同的。

单纯的积分制度只是群成员以往活动的累计反映。群成员的积分仅仅是告诉自媒体创作者，这个成员在群内待了多长时间，活跃程度如何，却很难精确地反映其在社群内的地位。在这种情况下，群成员便不清楚自己和其他成员比较，等级是低还是高。另外，积分在成员眼中往往是一串比较抽象的数字，没有明确的含义。

但是勋章制度则不同，明确而又富有象征意义的勋章不仅能够反映成员的历史参与活动，而且还能体现该成员在整个社群中的地位，诸如低级成员、中级成员，或者高级成员。再加上每个级别成员权利上的差别，便能对成员产生巨大的激励作用，刺激他们更积极地参与社群活动，为社群背书。

因此，自媒体创作者需要为社群建立清晰的能够反映成员整体等级的积分+勋章制度，以不同的图标来明确用户所属等级，以不等积分明确用户晋级标准，以特色勋章体现用户身份差异。

8.4.2　明确等级晋升标准

用户想要从低级晋升到高级，需要达到某一标准，明确了这一点，用户才能看到晋级希望，行动意愿才会变得更加强烈。比如，支付宝的会员勋章制度就有明确的用户等级晋升标准：积分0~2000分，为普通会员；积分2000~6000分，为黄金会员；积分6000~18000分，为铂金会员；积分18000分以上，为钻石会员。明确的等级晋升标准，让支付宝会员产生了强烈的消费意愿，继而整体上推动了支付宝生态的繁荣。

因此，自媒体社群需要设定明确的等级晋升标准，让群成员看到升级的希望，继而大大提升他们的参与感。具体而言，自媒体创作者可以结合社群实际情况，从三个方面灵活确定成员晋级标准，如图8-5所示。

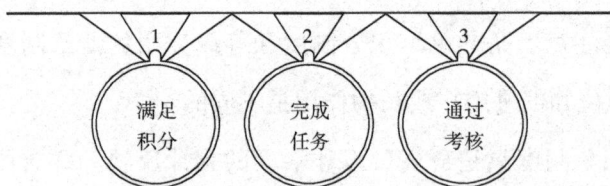

图8-5　社群成员晋级标准制订策略

8.4.3　不同等级对应不同的利益

社群想要最大限度地激发用户参与感，引导他们更积极地生产内容，完成任务，仅仅只有等级头衔是远远不够的，还需要给予每个等级对应的利益。

比如，初级用户可以享受线上商城九五折购物优惠，中级用户可以先享受线上商城八折购物优惠，且有组织话题讨论权利，而高级用户则可享受线上商场五折购物优惠，且能成为"合伙人"，和群主一起生产内容，获取社群分红。如此 一来，用户为了获得更多利益，升级的意愿必然会更加强烈。

具体而言，不同等级对应不同利益，可为社群带来三方面好处。

首先，满足群成员炫耀心理。人人都有炫耀心理，希望自身能够在别人眼中更具身份感，更有价值。因此，社群内的高等级成员相对于低等级成员获得更多利益时，其便更具成就感，对社群也更有认同感。如此一来，社群便能通过不同等级成员的炫耀来促使他们持续提升参与程度。

其次，提升群成员黏性，推动社群分裂。高等级群成员不仅能够获得专属的优惠券、红包等经济利益，还能借助社群提升自己的社会价值，如此一来，他们对社会必然更加忠诚，更愿意分享社群信息，推动社群分裂。

最后，营造活跃的社群氛围。低等级用户为了升级，必然会变得更加活跃，使得这个社群充满活力。

在设定不同等级对应的利益时，自媒体创作者需要遵从三个原则，如图8-6所示。

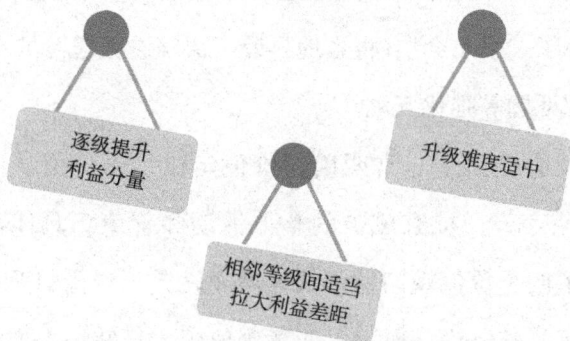

逐级提升利益分量

相邻等级间适当拉大利益差距

升级难度适中

图8-6 不同用户等级对应利益原则

8.5 筛选：设定具体门槛淘汰无价值用户

社群想要获得快速发展的动力，离不开对成员的筛选。因此，自媒体创作者要善于设置门槛，周期性对成员进行筛选，以保证成员和社群目标的契合性，赋予社群更强的生命力和发展动力。

8.5.1 价值观门槛

自媒体创作者通过明确的价值观可以有效地筛选用户最大限度确保入群用户认同社群目标，具备更强的参与感和使命感。比如，吴晓波书友会通过一系列中产阶层价值观有效地过滤了屌丝文化支持者，确保书友会成员都是理性的、踏实的、注重品质且终生自我奋斗的人。

吴晓波是著名财经专家，著有《大败局》《激荡三十年》《跌宕一百年》等作品，于2014年正式试水自媒体，创办了"吴晓波频道"。"吴晓波频道"创办后，便凭借着优质的财经内容声名鹊起，成为中产阶级用户关注的焦点。

为了提升用户黏性打造私域流量池，"吴晓波频道"依托QQ群和微信群，在各地陆续创办了"书友会"，将各地喜爱"吴晓波频道"的粉丝聚集起来，通过系列活动、话题等强化互动。

吴晓波书友会提出了非常明确的价值定位，以价值认同作为筛选用户的门槛，去芜存菁，提升成员的整体活动和价值。具体而言，吴晓波为书友会提出了四个价值观门槛：认可商业之美，崇尚自我奋斗，乐于奉献和共享，反对屌丝经济。通过这四条价值观，吴晓波书友会抓住了中产阶层的痛点，快速地将三观不符的用户筛选出群，大大提升了书友会的整体价值。

特别是"反对屌丝经济"这一价值观，一度成为吴晓波书友会内最大的争议焦点，有很多用户认为屌丝经济也是主流，也应该重视，而不是觉得肉少就抛弃。为此，很多人都离开了吴晓波的书友会，但与此同时，认同这一价值观的更多人加入了书友会。

吴晓波认为，每个人都会抱怨，但是一个人在经济上可以贫穷，却不能有屌丝思维，这个社会真正需要的是"理性建设性"思维，是奋进拼搏的精神。如此一来，吴晓波书友会便成功地完成了粉丝筛选。

具体而言，自媒体创作者可以从三个方面为社群设置价值观门槛，如图8-7所示。

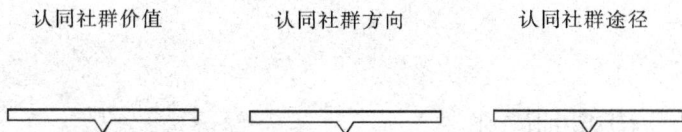

认同社群价值 认同社群方向 认同社群途径

图8-7　社群价值观门槛设置三法

8.5.2　邀请制门槛

自媒体创造者或社群管理人员还可以采用邀请制入群的方法，逐一邀请符合社群定位的用户入驻。通过这种方法，可以百分百保障入群成员的质量，确保社群在建立之初就有一个良好的氛围和生态。

（1）邀请具备某种身份的用户入群。自媒体创作者邀请契合社群身份的某一类用户进入社群；诸如定位"精致育儿"的社群，邀请准爸爸妈妈和新手爸爸妈妈入群；定位"财经致富"的社群，邀请中产阶层入群，等等。

（2）邀请从事某一行业的用户入群。自媒体创作者可以根据自身定位邀请从事某一行业的用户入群,以提升整个社群的专业性。社群成员越同频,彼此间的话题就越多,社群就越有生命力,因此自媒体创作者可以将行业作为邀请人群的标准。比如,定位"创始人IP策划"的社群,可邀请中小企业主入群,定位"程序强化"的社群,可邀请程序员入群,等等。

(3)邀请完成某项任务的用户入群。自媒体创作者可以颁布某项任务,之后根据用户完成任务的情况,邀请达到某一标准的用户入群。比如,邀请将社群裂变海报转发到微信朋友圈并集齐30个赞的用户入群。

(4)邀请某个年龄段用户入群。自媒体创作者还可以将年龄作为邀请用户入群的条件,通过邀请某一年龄段的用户保证社群的同好属性。比如,自媒体创作者的社群定位为"篮球交流",那么便可邀请20~30岁这个年龄段的男性用户入群,因为在这个年龄段的男性通常对篮球更有兴趣。

8.5.3　付费制门槛

付费是最直接也是最有效的用户筛选门槛,用户想要入群,必须缴纳一定的费用。付费制可以有效地提升成员纯度,因为和社群理念不合或不打算深度参与社群的人是不会付费的。

付费制入群主要有三种模式,如图8-8所示。

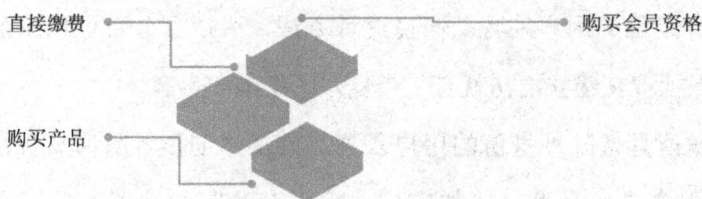

图8-8　付费制入群模式

需要注意的是,想要让用户心甘情愿地付费入群,社群自身必须具备三个价值,否则,收费不仅不能有效地筛选用户,反而可能成为压垮社群的最后一根稻草。

付费社群必须具备的价值如表8-8所示。

表8-8　付费社群价值

价值	内容	举例
输出	能够持续输出高质量的知识、能力、技巧和逻辑，为用户提供问题解决方案	告诉用户什么股票要涨；指导用户如何做好 PPT
链接	将社群打造成信息、资源、人脉的链接场所，用户入群后便可了解最新知识，认识行业专家，结交领域大咖，有机会参与高级社交活动	邀请行业大咖入群；举办大师经验分享会；举办领域牛人酒会
利益同盟	用户入群后能够从社群中获得实实在在的利益，能够快速实现预期目标	赚钱的货源、分销渠道；成为合伙人获得分红

8.6　赋能：抛出诱饵刺激用户贡献价值

人性都是趋利的，有利益，行动的积极性才更高。因此，自媒体创作者的社群还要善于使用利益驱动用户，善于制造诱饵，刺激用户为社群发展贡献更大的价值。只有善于赋能成员的社群才能最大限度地激发用户活力，挖掘用户价值。

8.6.1　社交酬赏

所谓社交酬赏，是指用户在社群中通过和他人的互动而获得的人际奖励。比如，在社群活动中认识了新朋友，或者抛出的观点获得了大家的认同和点赞。有了社交酬赏，使得自身人脉网络更加宽广，用户自然更乐于参与社群活动，分享社群内容和产品。

微信公众号"K友汇"自创建伊始，就致力于在全球各地创建分群，力图在每一个城市都设立一个分支机构，团结当地的粉丝，负责K友汇在当地的线下活动。为了实现这一目标，"K友汇"启动了大规模的招募活动，招募尚未建立分群城市的当地负责人。随着一些城市当地分群的陆续建立，"K友汇"成功地融入每个城市，为当地用户提供了一个社交平台，给予每一名用户编织人脉的机会。

那么自媒体创作者如何打造社交诱饵呢？具体而言，自媒体创作者可以从三个方面打造社交诱饵，刺激用户做出更大贡献，如图8-9所示。

输出人脉　　　　社交勋章　　　　身份认同

图 8-9　打造社交诱饵三法

8.6.2　猎物酬赏

所谓"猎物酬赏"，是指用户通过社群获得具体的资源和信息，继而更深刻地感知到社群的价值。如此一来，在实实在在利益的刺激下，用户的主观能动性必然大大提升，为社群做出更大的贡献。比如，用户在社群内获得红包奖励，获得了问题解决方案等。

头条号"樊登读书"定位于"名著阅读"，希望为每个渴望读书却没有时间读书的人读书、析书、解书。在持续输出内容的同时，"樊登读书"还依托微信群强化用户连接，提升产品销售。经过不懈的努力，"樊登读书"已经打造了遍布全球十几个国家的学习社群，实现了指数式增长。

"樊登读书"社群之所以能够实现指数式增长，一个重要的原因是其持续为群成员赋能，以实实在在的获得感强化用户的归属感和能动性，推动用户源源不断的贡献价值。

"樊登读书"主要从两个方面设置诱饵，激发用户贡献的能动性。

首先，7天免费会员。只要入群，便可以享受7天免费会员资格，免费听书，免费体验群内所有产品。要知道免费的东西对用户吸引力是非常大的，很多人总是抱着"既然不要钱便听一听"的心态进群体验，之后便觉得自己爱上了听书，最终缴费成了会员，为社群发展做出了贡献。

其次，超级用户发展为合伙人。樊登读书会的组织和管理者都是樊登的超级粉丝，和"樊登读书"形成了代理关系，成为"樊登读书"的合伙人，共享社区收益。如此一来，这些超级粉丝便将社群视为自己的事业，兢兢业业付出，最大限度地激发了他们的活力和创造力。

自媒体创作者可以从四个方面设置猎物诱饵，如图8-10所示。

图 8-10　设置猎物诱饵的四个方向

8.6.3　精神酬赏

"精神酬赏"是指用户从社群中体验到精神上的愉悦感、操控感、成就感、和终结感。比如，用户将社会内容分享到微信朋友圈后，大家都夸奖该用户"有成就""有学识"，如此一来，该用户便会得到很强的自我酬赏，获得满满的成就感。

具体而言,自媒体创作者可以从三个方面设置精神诱饵,如图8-11所示。

输出彰显用户身份的内容

明确用户阶段性成就

给予用户强烈心理暗示

图 8-11　设置精神诱饵的三个方向

9 变现：

从前景到"钱景"的五大路径

做自媒体，除了可以更好地在网络上发声和做产品、服务的营销推广外，还可以将自身知识、流量、渠道等变现为真金白银，获得超预期收益。因此，掌握自媒体变现途径，是创作者必须重视和学习的运营之道。

9.1 知识变现：付费专栏 + 课程培训 + 解决方案

知识创造价值，不管在何种历史环境中，都是永恒不变的真理。因此，假如自媒体创作者掌握某一领域专业知识、技能，便能利用自媒体将之变现为实实在在的金钱，为创业积累第一桶金。

9.1.1 付费专栏

所谓"付费专栏"，是指自媒体创作者推出的付费产品，用户只有支付相应的费用才能阅读或观看。自媒体创作者打响知名度后，在流量的加持下便可以顺势推出付费专栏，不管是新闻资讯、小说漫画还是心理资讯、恋爱情感，都可以换成真金白银。

具体而言，各自媒体账号推出付费专栏有三个便利，如图9-1所示。

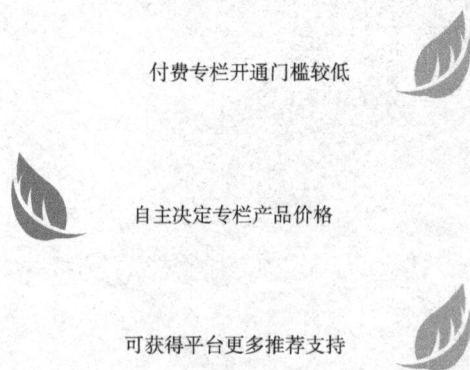

付费专栏开通门槛较低

自主决定专栏产品价格

可获得平台更多推荐支持

图 9-1 付费专栏的平台优势

头条号"实用管理学"专注于职业和自我管理领域内容创作，其发布的专栏内容因为有料、有趣而深受用户喜欢。

"实用管理学"的专栏文章之所以备受用户喜爱，是因为其展现出了三个特征，满足了用户追求更高价值的需求。

（1）满是干货。头条号"实用管理学"的专栏内容持续输出专业的职业管理和自我管理内容，方法性强，案例多，寓学于乐，可满足用户提升自身职业管理素养的需求。一言而概之，"实用管理学"输出的价值内容满足了用户需求，帮助用户更好地实现了社会价值。

（2）内容涵盖面广。"实用管理学"的专栏内容除了主打职业管理和自我管理外，还涉及创业、励志、口才、情商、营销等领域，方法性强，有料有趣，极大地满足了用户的多元化需求。

（3）充满正能量。"实用管理学"的专栏文章正能量满满，传递社会主流价值观，提高用户生活和工作的积极性。这些正能量满满的原创内容，对用户而言是不可多得的精神食材。

那么在具体运营中，自媒体创作者如何做好付费专栏呢？

（1）按需生产内容。自媒体创作者想要让用户为知识买单，专栏内容必须是用户所需要的。因此，创作者要根据用户需求生产内容——用户喜欢什么样的内容，需要何种技巧，自媒体创作者就生产什么内容，分享什么技巧。很多自媒体创作者的付费专栏之所以变现困难，最主要的一个原因是"按照自己的喜好而非用户的需求创作内容"。

那么自媒体创作者如何才能抓住目标用户需求呢？具体而言，创作者可以从三个方面入手，如图9-2所示。

（2）做好包装。除了要有符合用户需求的干货外，专栏内容还需要有靓丽的颜值。特别是在看脸的时代，很多时候颜值就是销售力，而付费专栏和超市中的商品本质上是一样的，没有精美的包装，很难在第一时间激发用户的消费欲望。因此，付费专栏不仅要有满满的干货，还需要精美的包装，力争让用户在看第一眼的时候就芳心暗许。

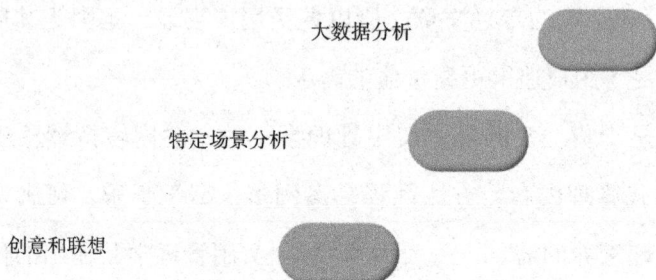

大数据分析

特定场景分析

创意和联想

图 9-2　抓住用户需求方法

付费内容包装方法如图 9-3 所示。

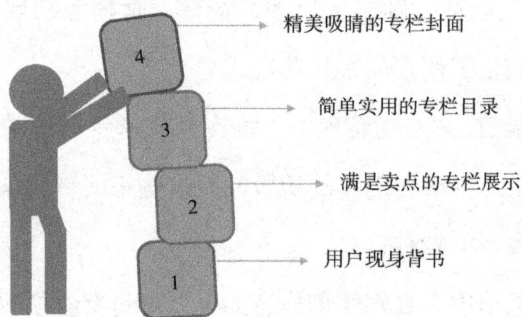

精美吸睛的专栏封面

简单实用的专栏目录

满是卖点的专栏展示

用户现身背书

图 9-3　专栏包装方法

9.1.2　开设课程

内容变现，除了开设专栏出售专业内容外，自媒体创作者还可采用系列课程的形式完成变现。本质上而言，课程变现是将成体系的专业内容作为产品出售给有需求的用户，其特点在于系统性强，获利稳定。

微信公众号"诗词课堂"主要向用户输出优质诗词内容，向用户普及古典诗词之美，以陶冶情操。和其他公众号开设付费专栏变现不同，其依靠向用户提供诗词课程取得了良好的经济效益。

微信公众号"诗词课堂"课程之所以如此受欢迎，原因有以下三个方面：

（1）用户定位精准。"诗词课堂"将在校学生、家长以及喜爱古典诗词的人作为目标用户，以"诗词赏析"为卖点，通过课程系统地向他们讲述历朝历代诗词大家的人生故事，剖析诗句中的情、景、人，并将之融入现代社会，以诗词锤炼人的情商。用户定位精准，让课程更具吸引力。

（2）包装得当。"诗词课堂"的课程包装很有吸引力，简单却有卖点，其课程有完整的目录、简介、购买须知等，且其课程封面都非常精美，富有书卷气息，因此对用户极具吸引力。

（3）推广有效。通过自推和外推，"诗词课堂"进入了越来越多用户的视野，为越来越多的用户所熟知，继而吸引了更多用户付费购买课程。

首先，定位精准。自媒体创作者想要通过课程完成变现，首先要定位好课程，因为只有课程定位精准，有价值，用市场，用户才更乐于掏腰包。

课程定位方法如图9-4所示。

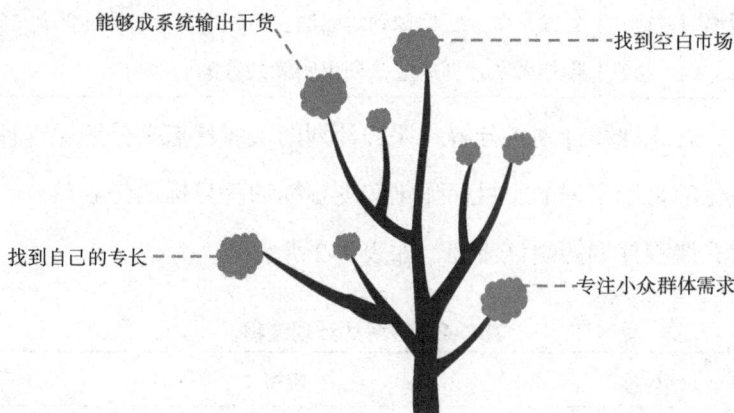

能够成系统输出干货 —— 找到空白市场

找到自己的专长 —— 专注小众群体需求

图9-4 课程定位方法

其次，设计课程计划。想要让用户掏钱上课，课程本身就必须有价值，有值得用户必须掏钱的理由。因此，自媒体创作者必须重视课程计划制订，确保课程拥有足够卖点。

具体而言，自媒体创作者可以灵活选择两种方法制订课程计划。

（1）纲领式课程计划。通过提炼课程的宣传、推广、细分、盈利纲领，为课程变现指明方向。纲领式课程计划具体可以从四个方面完善，如表9-1所示。

表 9-1　纲领式课程计划流

流程	内容
明确线上推广渠道	创作者的课程在线上通过何种渠道推广？是通过头条号、微信公众号、微博还是制造 H5 广告？计划中需要明确
线下推广会渠道	创作者的课程是否需要线下推广？如果需要，是在公交、地铁上做广告还是在街头做活动？计划中需要明确这一点
课程设置	课程目标人群是谁？分几个部分？具体采用何种方式授课？新内容推出的周期是一周还是两周？自媒体创作者需要在大纲中明确
明确课程预期目标	在一个周期内，诸如一周、半个月、一个月，课程预期的销售额是多少？假如到时无法实现预期目标，课程应该如何调整？创作者在计划中应该列出明确的答案

（2）分解式课程计划。分解式课程计划的主要特点是分解课程目标，通过完成可见的易于实现的小目标强化实现预期课程目标的信心。

分解式课程计划的制订流程，如表9-2所示。

表 9-2　分解式计划流程

流程	内容
明确目标	创作者的课程目标是什么？比如，"教用户掌握年终汇报 PPT 技巧"，明确了目标，创作者的课程计划有的放矢
将目标分解为各阶段行动	将总目标分解成各阶段的行动，诸如周一讲"PPT 速成"，周二讲"领导眼中最优秀的 PPT"，周三讲"最佳年终 PPT 养成"

续表

流程	内容
收集反馈	课程计划并非一成不变，需要根据用户具体反馈持续改进。创作者需要持续收集用户反馈，针对用户在学习中遇到的问题，持续提升课程品质

　　最后，活动推广。课程再好，假如用户丝毫不知的话，变现起来也会千难万难，因此，想要顺利完成课程变现，自媒体创作者必须做好活动推广，广而告之。

　　活动推广方法有很多，自媒体创作者可以根据自身实际和课程特点灵活选择，具体方法如表9-3所示。

表9-3　活动推广方法

方法	内容
拼团	创作者可以采用拼团方法，提升用户付费的积极性。比如，将课程设置成2人团，只要用户在两天内拉到另一个小伙伴参团，即可享受课程优惠价
分销	创作者可以学习市场上常用的分销推广法，给予分销用户一定比例的佣金，诸如10%、15%等，以金钱刺激用户分享课程信息，将他们变成自己的课程推广员
社群答疑+抽奖	创作者需要创建报名群、学习群，方便用户报名和学习。另外，通过这些社群，创作者可以在第一时间解答用户关于课程的各种疑问，继而坚定部分想买但内心又存在犹豫用户的下单决心，促进课程的销售。同时，创作者还需要定期举办抽奖活动，打造参与感，刺激用户分享转发积极性
私聊	很多人生活节奏快，工作非常忙碌，没有多少时间查看群消息、朋友圈消息。因此，创作者可以采用一对一私聊的方式向他们推送课程信息

9.1.3　解决方案

假如自媒体创作者掌握了行业内的专业技术或所从事的行业较为专业，则可通过向用户提供解决方案完成变现。比如，职业为律师的你可以通过有偿向用户提供法律问题专业解决方案获利。

在向用户提供解决方案时，自媒体创作者必须做好三点，才能提升变现效率，如图9-5所示。

践行成本要低

极强的专业性　　　　　　　　　　　　　　　　预期效果要好

图 9-5　提升解决方案变现效率三法

9.2　广告变现：最直接有效的变现方式

自媒体行业有一个公式：用户 = 流量 = 金钱。当自媒体创作者通过持续的优质内容输出圈粉无数，甚至成为平台大咖或全网网红时，手握巨大流量资源的你便会成为广告主的目标。当然，除了商业广告，自媒体创作者也可以通过平台广告分成获得收益。

9.2.1　广告变现途径

自媒体创作者首先要了解广告变现途径，将自身优势和变现途径进行整合，才能高效地完成广告变现。纵观微信公众号、今日头条等主流广告呈现方式，自媒体创作者可以通过两种途径完成变现。

2016年，被誉为互联网第一网红的papi酱，一条贴片广告卖出了2200万元天价，成为自媒体广告变现至今不曾超越的传奇。为什么papi酱的视频拥有如此之强的广告变现能力呢？除了和其掌握超强流量资源有关外，还和其独有的广告变现方法有很大关系——她的广告总会让人不知不觉中招，但又令人感受不到任何不快。

papi酱广告植入方法主要有以下三种。

（1）生活洞察＋夸张演绎＋猝不及防的植入。papi酱最擅长的一种广告植入方式是从生活中挖掘特定群体的典型特征，之后再使用幽默夸张的方式将之淋漓尽致地展示在用户眼前。当广大用户为papi酱逗得前俯后仰时，便会不知不觉中招，被喂广告。比如，在其为工商银行宇宙信用卡做的《1个星座自己玩–2个星座组团玩–12个星座没得玩》广告中，papi酱以"星座"这一全民嗨点作为载体，从用户最为熟悉的办公室场景切入，一个人分别饰演12个角色，在夸张演绎12星座人物特点过程中巧妙地植入了广告。

（2）追热点＋夸张演绎＋内容植入。papi酱的广告还善于利用热点吸引用户眼球，然后再利用夸张的演绎点燃大家激情，之后再进行广告植入。比如，面对全民嘻哈热潮，papi酱便非常巧妙地将嘻哈融入生活中，诸如学生如何嘻哈，大妈如何嘻哈，在此过程中植入广告内容。

（3）传递鲜明价值观＋内容植入。除了生活洞察和热点外，papi酱还善于将广告内容植入鲜明的价值观中。这类广告在她的全部视频中占比很小，不搞笑，很励志，比如讲述自己在北京奋斗的故事，讲述曾经的迷茫、孤独和不知所措。

自媒体广告投放平台主要有以下两种。

（1）流量主。所谓"流量主"，是指自媒体创作者通过承载平台广告而获得收益分红的广告变现途径。简而言之，就是自媒体账号展示平台广告，和平台共分广告收益。

流量主变现是自媒体账号获取广告收益的最常见变现途径——广告主在平台上投放广告，自媒体创作者和平台之间达成协议，按照点击次数、观看完成度或其他约定条件计算广告收益。

成为流量主，和平台达成协议后，广告在自媒体发布的内容中主要以三种形式出现，如表9-4所示。

表 9-4　流量主途径下广告形式

形式	内容	举例
底部广告	自媒体账号发布的内容底部会自带平台分配的广告，等用户点击广告查看具体内容时，自媒体创作者便会获得一笔收益	用户点击一下收入 2 角，如果文章阅读量 10 万，有 1% 点击广告，自媒体创作者便有 200 元收入
互选广告	自媒体账号和平台双向互选，自媒体创作者给出报价，同时承诺完成约定的曝光数，平台给予约定的收益	一条、占豪、微信路况、有车以后、一起去 SUV 等微信公众号推送的图文底部出现同一条奔驰车广告
文中广告	平台的广告出现位置由创造者在编辑内容时自由设定，相对于底部广告，文中广告更加灵活，呈现形式也更为丰富	一条、占豪等微信公众号在文章和视频内容中插入的公众号推广、移动应用推广、品牌推广等广告

（2）商业广告。除了搭载平台广告获取收益外，自媒体平台如果掌握较为丰厚的流量资源的话，还可以通过商业广告的形式完成变现。简而言之，即自媒体创作者和广告主之间达成协议，通过在自媒体推荐内容中搭载广告的形式获取收益。

商业广告也是当前绝大多数有实力自媒体的主要收入来源，其具体形式主要有两种，如表9-5所示。

表9-5 商业广告形式

形式	内容	举例
硬广告	自媒体创作者直接为广告主品牌代言，推送其产品、服务等营销文章或视频。硬广告比较粗暴，往往影响用户体验，很容易招致用户排斥	面膜广告、外语学习广告、坚果广告、汉堡广告等
软广告	通过软文或原创视频的方式，潜移默化地向用户输送品牌理念或营销产品。软广告能够将产品卖点和有料的内容巧妙地糅合在一起，让用户不知不觉间中招	顾爷的《一亿元》；故宫淘宝的《最悲催的皇帝》

9.2.2 六大广告植入法

人人都厌恶广告，自媒体在广告变现时绝不能杀鸡取卵，因为不得当的广告投放方法而导致用户阅读或观看体验持续下降，最终大大降低粉丝忠诚度，甚至让用户因此选择离去。因此，如何巧做广告，最大限度地清楚用户之于广告的不适感，就成了每个自媒体创作者在广告变现时都要面对的问题。

通常而言，植入法能够有效地隐藏广告痕迹，如表9-6所示。

表9-6 植入广告方法

方法	内容	举例
台词植入	指广告主品牌或产品的信息出现在视频的台词中，通过主播台词将产品的卖点、特征等直白地告诉用户，很容易得到用户的认同	papi酱的视频中经常会出现台词植入广告，比如《我是你们的亲戚》的台词便植入了"小米手机"
道具植入	是指产品作为视频中道具出现，吸引用户关注。道具植入能够融入节目内容中，但是需要注意的是，道具出现的频率不能太高	视频中出现广告主的手机、汽车、装饰品、零食、蜂蜜、酒类、服饰、电竞椅等产品

续表

方法	内容	举例
剧情植入	是指为品牌或者产品专门设计的剧情桥段，由于这个桥段的出现，大大激化了人物之间的矛盾或者推动了剧情的发展	视频主播吃了广告主的汉堡而产生了某种感悟，研发出了新品菜
场景植入	是指在文章或视频画面中植入某一由展示产品或品牌信息实物布设的场景，以此吸引用户	人物谈话的酒店大堂，旁边的招贴画，或频繁出现的固定场景
奖品植入	自媒体创作者还可将广告主的产品作为活动奖品，以此吸引用户眼球，扩大产品影响力	关注送保温杯；抽取两位最佳评论送华为手机一部
音效植入	是指通过某种旋律或者歌词等的暗示，引导用户联想到某个特定的品牌或产品	华为手机特有的手机铃声；广告主标志性代表音乐

9.3 内部变现：别错过各平台提供的变现渠道

当前，为了调动自媒体创作者持续输出优质内容的积极性，营造良好的生态氛围，各个平台都推出了各种新功能、新措施，为创作者打造丰富多样的内部变现渠道。因此，自媒体创作者可以结合平台具体功能，深挖内部变现渠道。

9.3.1 内部变现四渠道

当前，优质自媒体创作者可以利用的平台内部变现渠道主要有以下四种，如表9-7所示。

表 9-7 内部变现渠道

渠道	内容	举例
签约	自媒体创作者可以通过和平台签订合同，成为平台签约作者，便可每个月从平台获得固定收入	头条号、微信公众号、百家号等只要内容足够优秀，都可通过主动申请或平台邀请的方式成为签约作者
分成	平台很多版块会根据创作者的内容质量给予一定比例的分成	创造者在今日头条"悟空问答"上回复的优质内容可获得平台分成
补贴	各个平台都提出了优秀作者扶持计划，给予优质原创作者丰富的补贴	今日头条出资10亿元扶植短视频内容创作者
打赏	各平台开发了"赞赏"功能，优质内容，用户可以点击"赞赏"按钮，给予创作者一定数额的奖励	微信公众号"槽边往事""占豪""六六""假装在纽约"通过持续输出优质内容获得了很高赞赏

9.3.2 提升内部变现效率

明确了平台内部变现的渠道，自媒体创作者还需要从自身做起，通过持续输出优质内容不断提升内部变现效率，获得更多收益。

微信公众号"槽边往事"，专注于时事评论和热点剖析，往往能够一针见血地点出事件背后的根源。因为个性十足，干货满满，且情感共鸣性强烈，所以其文章通常能够获得成千上万用户的打赏。

比如，"槽边往事"在2020年2月26日发布的一篇名为《1人，2猫，31天》的文章，讲述了自己在新冠肺炎疫情期间和两只小猫之间的故事，鲜明地表达了自己面对苦难时的乐观精神。这篇文章收获了1093个用户打赏红包，以额度最低的5元计算，收入5465元，换成20元的红包，收入则为

21860元，如图9-6所示。

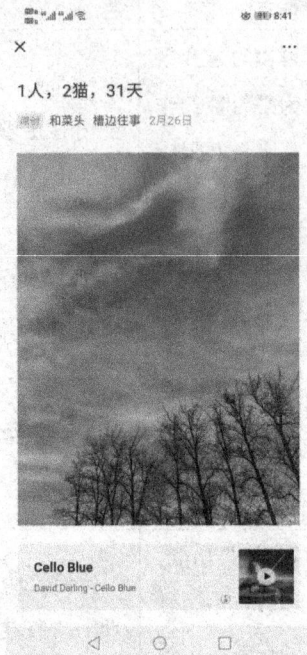

图9-6　"槽边往事"发布的文章

可见，自媒体创作者可以通过优质内容输出显著提升内部变现效率。

那么自媒体创作者如何才能提升内部变现效率呢？

（1）原创。原创，原创，原创，最重要的事情说三遍，只有原创才能迅速提升自媒体账号权重，获得各项内部变现的资格。因此，不管文章还是视频，创作者都需要展现出自己的风格和个性，讲出自己的独特观点，展示出自己的特有魅力。

原创内容展现出三个特点，可迅速提升内部变现效率，如图9-7所示。

直击痛点　　　　　情感共鸣　　　　　代用户发声

图9-7　提升内部变现效率三法

（2）持续互动。想要快速提升自媒体权限，获得更多用户打赏，自媒体创作者除了要在文章、视频、问答等领域持续输出优质作品外，还需要强化互动性，提升用户黏度。基于此，自媒体创作者一方面要积极回复用户评论；另一方面要周期性举办各类活动，比如有奖评论、主题征集等，调动用户互动积极性。

（3）给予用户价值。当自媒体创作者对用户"有用"时，你在用户眼中才会更有价值，更值得亲近和信任。因此，自媒体创作者需要不断提升自身的被利用价值，一方面持续提升专业性，将自己打造成用户在某一方面的"顾问"；另一方面帮助用户解决某些问题，亦或提供资源让用户变得更有价值。比如，为用户列举做PPT的经验干货，为用户遇到的问题提出实用高效的解决方案。

9.4　带货变现：能引起热销的自媒体账号最值钱

品牌带货，是指自媒体创作者利用掌握的流量和树立起来的品牌，为商家或企业推广、销售的变现方式。带货变现是自媒体创作者最主要的变现方式之一，名气越大，掌握的流量资源越多，卖出去的货越多，能够得到的分红就越多。

有了可观的粉丝数和流量积累后，自媒体创作者便可以通过带货迅速地完成变现——卖得货越多，赚到的自然也更多。

9.4.1　带货秘籍一：紧盯爆品

想要用户心甘情愿买单，首先货要好，要有卖点，有让用户掏钱买单的理由。这就需要自媒体创作者做好选品工作，选择大家都喜欢或者有销售潜力的品牌作为合作对象。

通常而言，成功带货，取决于两个条件，一是自媒体流量池要大，关注的用户要足够多，号召力足够强；二是创作者选择的产品为爆品，或者有成为爆品的潜力。

那么什么样的产品可以成为爆品亦或拥有成为爆品的潜力呢？一般而言，爆品亦或具有爆品潜力的产品都满足以下三个条件，如表9-8所示。

表 9-8　潜力产品条件

需满足条件	内容	举例
当前流行热销	当前某个行业最受用户喜爱的是什么产品？最有可能为人们喜爱的是什么产品？找到这类产品，带货能力也会随之增强	医用口罩；应季服饰
刚需高频痛点	刚需性强，使用频率高，解决消费痛点的产品，更易于引发用户关注，产生消费欲望	洗发水、牙膏、卫生巾
垂直细分	相对于大众化产品，垂直细分的产品因为针性更强，更专业，其成为爆品的可能性会更高	专注美白的化妆品

9.4.2　带货秘籍二：给用户一个掏钱的理由

想要让用户快速买单，自媒体创作者还需要给予用户一个掏钱的理由，这就需要将产品的核心卖点阐述清楚，让用户在第一时间就明白产品能够带给他何种价值。

"带货大王"李佳琦为了刺激用户的购买欲望，除了试穿、试吃、试用之外，还会准备很多趣味性十足的产品功能展示，以此凸显产品核心卖点。比如，有一次为某品牌行李箱带货，讲到行李箱非常"结实"时，他便在直播中亲自踩到了箱子上蹦蹦跳跳，让用户对该款行李箱的卖点有了更加清晰的认知，大大激发了用户的消费欲望。

由此可见，自媒体创作者带货时对产品核心卖点阐述得越透彻，用户说服自己买单的理由也就越充足，所能卖出的货物也就越多。

那么如何才能给予用户一个拒绝不了的购买理由呢？在实际操作中，自媒体创作者可以从三个方面入手。

（1）极限展示。产品卖点如何，千言万语不如用真实的画面展示在用户眼前，而一般的展示又不如视觉感强烈的极限展示。通过对卖点的极限展示，能够给予用户强烈的"卖点冲击"，继而使他们对产品卖点印象深刻。比如，李佳琦站在行李箱上蹦蹦跳跳，便是对行李箱"结实"卖点的极限展示。

（2）场景展示。再好的卖点缺乏相应的场景衬托也会黯然失色，因此在阐释卖点时，需要将卖点融入与之配套的场景中，以场景强化卖点，刺激用户购买欲望。比如，为某品牌的充饥小面包带货，可以将之融入早餐场景，以"早餐吃一个，能量满满"将用户拉入每天吃早餐的场景中，必然会刺激用户的购买欲望。

（3）魅力展示。魅力展示是指通过俊男美女提升产品的魅力，让用户"爱屋及乌"。比如，通过俊男介绍女性化妆品，通过美女介绍男性洁面乳，等等。

9.4.3　带货秘籍三：感官占领

想要带好货，除了直接阐述产品卖点外，还需要占领用户的感官，强化他们的体验感和自我获得感。要知道，网络购物相对于线下购物的最大劣势在于缺乏体验——网络购物只能看，不能试穿、试吃，不能触摸体验。因此，为了最大限度地弥补这一缺陷，在带货时，要尽量通过对商品形象化描述，让用户在触觉、嗅觉、味觉、听觉上产生深刻的体验感。

新冠肺炎疫情期间，各大企业纷纷向武汉捐款，在阿里巴巴、腾讯等亿元捐款名单中，人们惊讶地发现了辛巴的名字——这位快手第一带货王向武汉捐款1.5亿元，瞬间成了众多媒体聚焦的核心。

辛巴，因为创造了五秒之内卖出165000瓶洗发水的傲人战绩，成为无数自媒体人模仿的偶像。在2020年3月8日，辛巴更是带货三亿，让各大电商巨头惊叹连连。辛巴在带货时，充满激情，注重通过语言描述刺激用户感官，快速点燃用户的欲望。另外，其在带货时善于利用对比，在和类似产品的对比中凸显所销售产品感觉上的优势。比如，其在销售一款夹心小面包时，便将面包对半撕开，和在大超市销售的品牌夹心面包做对比，从夹心厚度、颜色、原料、口味等方面刺激用户感官。

具体而言，自媒体创作者可以从两个方面占领用户的感官。

（1）保持足够的激情。人的情绪是可以传染的，当自媒体创作者在文章、视频亦或直播中保持足够亢奋的情绪时，通过夸张的表情和动作营造欢快氛围，用户便非常容易与你的状态产生共鸣，继而快速融入你的情感中，在感官上对产品产生浓厚的兴趣。比如，直播时的才艺展示，破坏性产品功能测试，等等。

（2）描述体验产品时，眼睛、鼻子、耳朵、舌头、身体和心里的感受。自媒体创作者在带货视频或直播中，可以用形象的比喻、假设、夸张的表情和搭配的身体动作，充分调用用户的眼睛、鼻子、耳朵、舌头、身体和心里的直接感受，将自身体验产品时感官上的收获极致地演绎出来，清晰地传达给用户，让他们犹如身临其境地在试用、试吃、试穿。

9.5　电商变现：开个小店，月进十万

当前，微信公众号、今日头条、抖音、快手等各大平台都为创作者打通了电商变现渠道，帮助用户通过销售产品获得收益。比如，抖音卖货的门槛便一降再降，现在用户只需要发布10个短视频且完成实名认证，便可

有在后台申请橱窗和购物车功能，销售产品。

9.5.1 电商变现形式

自媒体创作者在电商变现时，需要结合自身情况，灵活选择变现形式。通常而言，电商变现形式可以分为两种，即帮别人买产品和自己开店卖产品。

在今日头条号上拥有606万粉丝的"野食小哥"是"头条小店"的先行者，并且做得非常成功。"野食小哥"的主要作品是野外美食视频，风格诙谐有趣。他的视频内容大致可以分为四类，如图9-8所示。

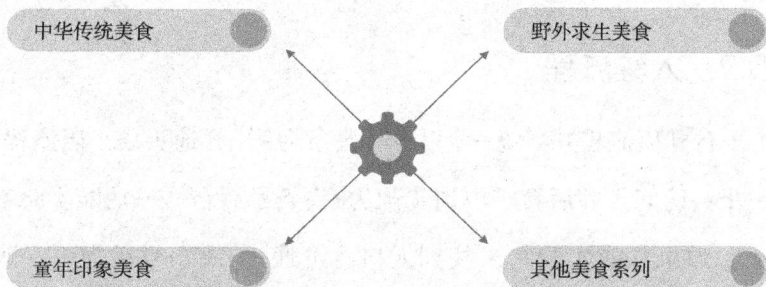

中华传统美食　　　　野外求生美食

童年印象美食　　　　其他美食系列

图9-8　"野食小哥"的视频内容类型

他的代表作有《有些猪，注定要留在回忆里》《没胃口，随便吃点烤串》《谁让你是一只鸡呢？》《这款"油渣"想必没多少人吃过，隔壁小孩都馋哭了！》。他的视频内容丰富多样，而且展现的形式又与众不同，独特的拍摄视角与剪辑视角，让他迅速获得了粉丝的喜爱。

"野食小哥"包括今日头条在内的内容平台获得高人气后，迅速通过各种方式进行变现，且都获得了不错的效果，他所经营的头条小店一共有18款产品，每款产品的销量都非常不错，其中有一款香酥猪油渣更是获得了5000+的销量。

可见，有了流量，通过电商形式可以快速完成变现。主要有以下两种方式。

（1）帮助别人卖货。自媒体创作者没有网上店铺，诸如淘宝店铺、头条小店、微商城等，可通过推广、销售别人的商品和服务获得佣金。比如，头条号用户在后台"我的收益"页面，可在"收益概览"下方看到"淘宝佣金（放心购佣金、京东佣金）"项目，意味着头条号创作者可通过推广获利。头条号创作者可将能够支付佣金的卖家产品链接到自己的推送内容中，推送出去，当用户通过头条号的链接关注该商品并完成交易后，头条号创作者便可从卖家分得佣金。

（2）自己开店卖货。自媒体创作者自己有货源的话，可以在平台上自己开店销售产品获利，如开通抖音小店、头条小店、微商城等。

9.5.2 入驻流程

各个平台开店流程并不统一，以今日头条为例，开通头条小店流程如下：

第一步：访问入驻后台。申请步骤为：头条号后台——功能实验室——头条小店，如果功能实验室未找到入口，可通过：头条号后台——账号权限——功能权限——头条小店，进行申请。

第二步：申请入驻。运营者入驻，在操作过程中需完善以下内容：身份信息、店铺信息、其他信息，其中店铺信息的填写需要重点关注。填写完毕后，等待审核通过即可。

店铺信息填注意事项如表9-9所示。

表 9-9　店铺信息填写注意事项

注意事项	内容
主营项目	最多三个，后续上新需要在主营范围内，特殊类目需要在其他信息中提交相关资质
店铺名称	店铺名称需要和头条号名称一致，便于推广传播，未经授权名称中不可加入旗舰店、官方店、专卖店、直营店、授权店等字样
店铺 logo	带有明显识别度 1 : 1 的店铺 logo 图片 1 张

第三步：其他注意事项。入驻头条小店后还需注意以下事项：

（1）在店内上架3个及以上商品。

（2）信息分享功能申请通过后需在15天内完成一项成交订单。

（3）一个账号对应一家店铺，不接受购物车广告行为。

（4）保持一周3条以上垂直内容。

（5）禁售以下品类：成人用品、医疗类、安防工具类、违禁工艺品类、高仿产品、违法书刊、三无产品、微商产品（如葵儿）、宗教类、宠物活体、内衣等。